GEISTES KRAFT

5 Lehrgänge nach Parsifal Braun
für geistiges Heilen, Hypnotismus,
Psychometrie, Hellsehen & Fernwirken

Altes neu geschrieben von
Tanja Alexa Holzer

wortfeger.ch

Nach dem antiken Buch
«Entwicklung der höheren Geistes-Kräfte im Menschen – fünf Lehrgänge»
von Dr. ph. Parsifal Braun,
erschienen schätzungsweise um 1900

Neuauflage 2021
978-3-03923-064-8

Die Deutsche und Schweizer Nationalbibliotheken
verzeichnen diese Publikation in der Nationalbibliografie;
detaillierte bibliografische Daten abrufbar auf:
www.dnb.de und www.nb.admin.ch

1. Lehrgang:

Geistiges Heilen

I. Leben als Einheit

Nirgends entsteht aus nichts etwas. Damit etwas wachsen oder entstehen kann, braucht es stets eine gewisse Menge an Kraft und Substanz. Alles setzt sich aus winzigen Teilchen zusammen, die zuvor bereits existierten. Formen verändern sich, zerfallen, die Materie, aus der sie sind, geht jedoch nie verloren, sondern wechselt ihren Zustand.

In der Welt erkennen wir überall Wandlung, Wasser wird zu Eis oder Dampf, Elektrizität zu Licht oder Wärme. Nirgends wird jedoch Materie komplett aufgelöst.

Scheinbar unabhängige Wesen und Objekte sind in einer Kette zusammengebunden. Auch der Mensch ist ein Glied dieser Kette und diese wiederum ist mit der Urkraft verbunden. Somit ist der Mensch von dieser erschaffenden Urkraft niemals getrennt. In seiner körperlichen und geistigen Beschaffenheit ist er verbunden mit allem, was ist.

Sein Geist ist ein Teil des Urgeistes und sein Körper ist zusammengesetzt aus winzigen Teilchen, welche aus den natürlichen Elementen wie Luft, Wasser und Erde entspringen.

Dieselben Gesetze herrschen im ganzen Universum. Die Naturgesetze sind nicht willkürlich aus dem Urgeist gesprudelt, denn er selbst ist in seinen Gesetzen und in der Natur. Seine Lebenskraft nährt alles, was ist. «Alles Leben ist ein Teil seines Lebens. Wenn er nur in einem Teil der Welt wäre, und nicht überall, dann wäre er ja nicht allgegenwärtig», beschrieb Parsifal Braun einst zu Recht im 19. Jahrhundert.

Die Kraft des Urgeistes dringt bis in den letzten Winkel des Universums und bis tief hinein ins Menschenherz. Seine Kraft ist allgegenwärtig. Der Urgeist ist Teil von uns, wir sind Teil vom Urgeist. Diese Erkenntnis muss im Bewusstsein verankert werden, damit Geisteskraft entwickelt werden kann.

Das Universum besteht aus unglaublich vielen Substanzen, welche sich in ihrer Schwingung unterscheiden. Je feiner eine Substanz, desto höher ihre Schwingung. Die feineren Substanzen durchdringen die gröberen. Dies einfach deshalb, da zwischen den Molekülen der gröberen Substanzen der Abstand grösser ist und die feineren dort eindringen können – wie Wasser, das zwischen Steinen versickert, oder wie Luft in Wasser eindringt.

Ein Medium, das seine höheren geistigen Fähigkeiten entwickelt hat, sieht, hört und fühlt manches, wovon weniger zu lesen ist und schon gar nicht in herkömmlichen Schulen erzählt wird. Mit seinen fein eingestimmten Sinnen dringt er tiefer in das geistige Reich ein, als dies beispielsweise ein Physiker tun würde.

Das Geistige durchdringt die physische Welt, wie wenn Wasser durch Sand fliesst. Erst wenn unsere höheren Sinne entwickelt sind, nehmen wir feinere Schwingungen und damit beispielsweise andere Welten wahr, die unsere «normal wahrnehmbare Alltagswelt» durchdringen.

Die Weisheit des Urgeistes hat auch ihren Wohnsitz in uns Menschen. Diese Weisheit, mit welcher der Urgeist alles erschuf, was existiert, ist in allem anwesend. Wollen wir diese Weisheit erkennen, müssen wir bewusst an der Weiterentwicklung unserer geistigen Fähigkeiten arbeiten und uns ihr öffnen. Im Kern ihres Wesens möchte diese Weisheit ihren Zweck durch uns erfüllen. Der Urgeist ist unsere Wurzel, die Ursache unseres Seins, und wir finden das, was er mit uns bezwecken wollte, in unserem Innern. In Büchern, Tempeln und auf fernen Inseln sind Weisheit und Sinn unseres Daseins nicht zu finden. Wir müssen mit ganzem Herzen in unserem Innern suchen. Wir selbst sind ein Tempel des Urgeistes.

Diese Wahrheit wurde in Mysterienschulen während Einweihungen zugeflüstert. Nur unser Innerstes kennt den direkten Draht zum Urgeist, zur Urweisheit.

Gott oder der Urgeist «spricht» im Menschenherz zu uns. Alles ist in sich selbst zu finden, sämtliche Weisheit, Kraft und Gesundheit. Der Urquell von allem ist im eigenen Innern.

Mit diesem fantastischen Geschenk des Urgeistes, der Verbindung zu ihm, haben wir auch das heilige Recht und die Pflicht geerbt, dieser inneren Kraft und Weisheit zu vertrauen – und das durch alle Gefahren, Krankheiten und Leiden hindurch. Es ist unsere Pflicht und unser Recht zugleich, nach der inneren Kraft und Weisheit zu leben. Dies so zu tun, entspricht keinem blinden Glauben oder Fanatismus, keinem blinden Vertrauen in eine entfernte Gottheit, sondern es ist das Vertrauen in unser eigenes Innere, in den Funken des Urgeistes in uns, in das höhere Ich.

Dieses höhere Ich umfasst alles, was wir jetzt und in Zukunft sein werden. Unsere Persönlichkeit ist Teil davon. Pflegen wir unser Bewusstsein, die Verbindung zur Urkraft, so wird sich dadurch auch unsere Persönlichkeit ideal ausbilden. Logische Folgen daraus sind: Der Mensch wird zu dem, womit sich sein Geist beschäftigt. Und: Die Umgebung eines Menschen ist ein Spiegel seines Wesens.

Wird uns bewusst, dass die Urkraft in uns lebt und wirkt, in der wir nur Positives wie Gesundheit, Liebe und Kraft erkennen können, so ist es eine Frage der Zeit, bis sich dieses Positive in unserem Leben zeigt. Glaubt, oder noch besser: Weiss ein Mensch, dass in ihm Stärke und ein gutes Wesen wohnen, lebt er ein starkes Leben als gutes Wesen.

Das Einbläuen verschiedenster Religionen, der Mensch sei in seinem innersten Wesen lasterhaft und ein irrendes Geschöpf, hat seine Spuren in uns hinterlassen. Der Glaube an diese Predigten wirkt schwächend.

Unseren Geist immer wieder auf das höchste Ideal auszurichten, ist demnach besonders wichtig. Indem wir uns immer wieder an die höchsten, göttlichen Eigenschaften in uns erinnern, bringen wir uns in Einklang mit ihnen und öffnen unsere Persönlichkeit für sie. Dies ist auch eine Form von Gebet, das auf uns und unser Leben heilsam wirkt.

II. Harmonie

Die Steinchen eines Mosaiks stehen alleine und gehören dennoch zu einem grossen Ganzen. Was wir erkennen – die einzelnen Steinchen oder das gesamte Bild – hängt davon ob, wie weit wir vom Mosaik entfernt sind. Für das Gesamtbild ist das kleinste Steinchen genauso wichtig und nötig wie das grösste. Jedes einzelne Steinchen ist für die Vollkommenheit notwendig.

Helle Steine verkörpern das Licht, schwarze Steine die Dunkelheit. Ohne dem Wechselspiel von Licht und Schatten wäre es kein gutes, wirkungsvolles Mosaik. Jede Farbe hat für das Bild ihre Berechtigung. Fehlt ein Steinchen, klafft eine Lücke. Das Bild wäre nicht mehr vollkommen.

Diese Tatsache widerspiegelt die Natur und genauso die menschlichen Erfahrungen. Oft scheinen Aspekte ohne Zusammenhang zum Ganzen zu sein oder zeigen einen Wert auf, den sie im Grunde so nicht tragen. Dies geschieht, wenn wir zu nahe oder zu weit entfernt auf etwas schauen.

Alles, wirklich ausnahmslos alles hat seinen berechtigten Platz im Universum. Jede Pflanze genauso wie jede Erfahrung in einem menschlichen Leben.

Sehen wir dies nicht, schauen wir schlicht vom falschen Standpunkt aus darauf. Uns fehlt die richtige Perspektive. Wir sind den Dingen, der Tatsache oder Wirklichkeit zu nahe, so dass wir den Einzelheiten zu grosse Aufmerksamkeit schenken, als dass wir noch das Gesamte gebührend beachten könnten. Oder wir sind zu weit weg und erkennen den Sinn der Details nicht.

Ein Kleinkind erkennt den Zusammenhang zwischen einem Samenkorn und einer Blume nicht. Dennoch ist dieser unbestreitbar da. Mit dem Älterwerden und Reifen erkennt das Kind eines Tages die Verwandtschaft zwischen Samenkorn und Pflanze.

Die Verwandtschaft von Krankheit und Gesundheit mit unserem höheren Sein ist ebenso ein Zusammenhang, ein universelles Gesetz. Bringen wir unser Denken und Tun in Einklang damit, sind wir gesund, glücklich und erfolgreich. Handeln wir dagegen, so gestalten sich unsere Lebensumstände in ebenso einem Misston, der sich in Krankheit und Missständen zeigt. Im Alltag erkennen wir diesen Zusammenhang von Ursache und Wirkung selten, wir schauen aus der falschen (unbewussten) Perspektive darauf und halten alles für Zufall.

Allen Gesetzen, allen Ursachen liegt Gott als Urgeist zugrunde. Er ist die erste Ursache und das Hauptgesetz.

Unsere Welt entwickelt sich immer mehr vom Einzelnen zur Einheit.

Mittlerweile ist bekannt, dass sich Materie in Kraft umwandeln lässt. Eines der besten Beispiele hierfür sind die Verbrennungsmotoren in unseren Autos. Aber auch Tiere und Pflanzen tanken Sonnenlicht, verarbeiten dieses und verkörpern die Energie in Wachstum. So verhalten sich auch Materie und Geist. Materie ist zeitweise gebundene Geisteskraft, welche durch die Verkörperung begrenzt wird. Die freie, ungebundene Geisteskraft kann jedoch auf die Materie einwirken und die darin enthaltene Kraft wieder freisetzen. Materie ist nie etwas Totes, sondern stets zeitweise verkörperter Geist.

Dies erklärt einiges: Wenn alles, was ist, aus dem lebendigen Weltgeist hervorgeht, wie könnte da etwas tot sein? Tod wäre dem Weltgeist, der Leben ist, komplett fremd.

Materie ist zeitweise passiver Geist, das weibliche, empfangende Prinzip in der Natur. Wirkt der freie Geist, das tätige, schöpferische und männliche Prinzip, auf die Materie, erwacht diese aus ihrem Scheintod.

Wird die Geisteskraft richtig und gekonnt eingesetzt, gehorcht ihr die Materie immer.

Religion, Wissenschaft und Philosophie sind sich einig, in der Schöpfung Ordnung, Gesetz und Harmonie zu finden. Da die Schöpfung dem Urgeist, Gott, entspringt, so muss sein Wesen genau aus diesen Energien bestehen. Die Entwicklung der Schöpfung, auch im Innern des Menschen, ist das Sichtbarwerden dieser Entwicklung. Die Wirkung ist bereits in der Ursache enthalten, dadurch bedingt die Ursache zwingend ihre Wirkung.

Besonders stimmige Kunst, eine sensationelle Konstruktion oder ein Meisterwerk eines Produkts zeigen, dass der Schaffer in sich dieses Verständnis der Harmonie, Ordnung und Schönheit trägt und für diese Energien zugänglich ist. Das Verständnis für diese göttliche Ur-Ordnung ist ein Teil seines Bewusstseins.

Ebenso gilt die Umkehrfolgerung: Aus der Schönheit und Vollkommenheit der Natur lassen sich Rückschlüsse auf den Schöpfer und sein Verständnis für Harmonie ziehen.

Harmonie ist ein Aspekt Gottes und ebenso eine wesentliche Eigenschaft der Menschenseele – da wir den Gottesfunken, etwas vom Urgeist, in uns tragen. Unsere Seele ist ein Ebenbild der grossen Allseele.

Die wahre Sünde ist somit die Zuwiderhandlung gegen unsere eigene Natur und die ist Liebe, Weisheit und Kraft. Selbstsucht und Eigennutz sind Verstösse gegen diese eigene Natur, welche aus dem Urgeist besteht, aus dem göttlichen Funken.

Vertrauen wir jedoch auf Äusseres statt auf unser Innerstes, so zieht sich dieses immer mehr zurück. Die Folge ist, wir fühlen uns «unverbunden», geistig arm, unerleuchtet und suchen (oft mit Süchten verbunden) nach Wahrheit im Aussen.

Die Lehre, dem inneren Kern zu vertrauen, macht den Menschen selbstdenkend, selbstständig, unabhängig, frei und selbstvertrauend. Das Vertrauen in den göttlichen Kern in uns macht uns wirklich frei. Dies zu erreichen, war einst auch Kern der unverfälschten Lehre Jesus', bis Selbstdenken und Selbstvertrauen zur Sünde abgestempelt wurden. Man begann, anstatt den Vater im Innern zu suchen, auf den fernen Himmel zu deuten. Gott wurde als allgegenwärtig erklärt und dennoch verleugnete man seine Anwesenheit in jeder Menschenseele.

Plötzlich wurde die Vereinigung mit Gott von gewissen Ritualen und Zeremonien abhängig gemacht, anstatt die Menschen zu lehren, den göttlichen Funken in sich selbst bewusst zu werden. Die Kirche machte sich zum Hüter und Verkäufer der Gottesgnaden. Sie erklärte sich selbst zum Stellvertreter des Höchsten und ihr Weg allein würde in den Himmel führen. Ihre Macht würde es ebenso erlauben, eventuell einer Seele den Eintritt ins Himmelreich zu verwehren.

Diese Verfälschung des geistigen Lichtes, welches Jesus brachte, stürzte die Welt in eine geistige Dunkelheit. Trotz der Lehre des Lichts und Liebe wuchs Hass und Dunkelheit. Der Blick der Lichtsuchenden wurde von innen nach aussen gerichtet, was Finsternis in die menschliche Brust brachte. Die Lehre, die Kraft Gottes könne nur von weit her, «von oben» oder durch die Sakramente kommen, raubte den Menschen ihre rechtmässige, angeborene Stütze und gab ihnen stattdessen Krücken. Sie wurden geistig abhängig, arm und schwach.

Jesus lehrte den Glauben an die Einheit des Menschen mit Gott und das Vertrauen in jene Kraft, die in jedem Wesen wohnt. Die menschliche Entwicklung zeigt, wie durch Training sowie Vertrauen die innere Kraft wächst und aufblüht. Nutzt der Mensch diese innere Kraft nicht oder zweifelt an ihr, so rührt sie sich kaum und steht eventuell sogar still. Lieblosigkeit, Fanatismus gegenüber äusseren Vorschriften, Zweifel an unserem Gottesfunken und seiner Weisheit sowie jede Angst sind im Grunde Verstösse gegen den Vater im Himmel, respektive gegen den Vater in unserem Inneren.

Die Weisen aller Zeiten wandten sich nach innen, suchten und fanden dort die Weisheit. Die Weisheit, welche ihnen von anderen im Aussen begegnete, nutzten sie als Anregung, nach der eigenen zu suchen. Sogenannte Gelehrte sind im Gegensatz dazu oft nur «Händler fremder Waren».

Selbstdenken soll gefördert werden. Sobald ein Mensch seine eigenen Glaubenssätze formulieren kann und sich nach ihnen ausrichtet, tritt er aus den Sklavenreihen hervor. Dieses Heraustreten erfordert Mut, denn es wird ihm vermutlich nicht nur Gutes, sondern auch Unannehmlichkeiten verursachen. Feiglinge verkriechen sich lieber im grossen Haufen, in der Masse. Die Luft ausserhalb ist jedoch frei von Unrat, viel kraftvoller und reiner.

III. Vibration und Schwingung

Metaphysiker sagen, alles sei Geist. Materialisten hingegen erklären, alles sei reine Materie. Somit scheint es hier auf den ersten Blick einen Widerspruch zu geben. Welche der beiden Parteien irrt sich? Wir Menschen sind es uns gewohnt, zwischen Geist und Materie eine scharfe Grenze zu ziehen. Viele von uns glauben, dass die beiden Reiche der Materie und des Geistes von einander unabhängig sind. Diese deutliche Grenze gibt es aber in Wirklichkeit nicht.

Philosophie und Religion lehren, alles wurzle in einem Ursprung: Gott. Von ihm strömte alles aus und in seiner Schöpfung existiert Er als Ursache. Auch die Wissenschaft führt alles auf einen Ursprung zurück, aus dem sich alle bekannten Stoffe entwickelten und umbildeten. Dieser Urstoff ist wiederum ein Sichtbarwerden des Urgeistes. Der absolute Materialist schreit nun nach Beweisen und sucht diese vermutlich im Äusseren, anstatt sich seinem Inneren zuzuwenden.

Religion und Wissenschaft stehen sich eh ungläubig und kritisch gegenüber. Würden sich die beiden die Hand geben, könnte dies Weltfragen beleuchten und erklären.

Ist etwas nicht materiell, lässt es sich für uns Menschen kaum denken. Wer macht sich wie eine Vorstellung von einem leeren Raum oder von einem Nichts? Manche hingegen behaupten, Geist und Materie seien nur zwei unterschiedliche Namen für das Gleiche in verschiedenen Zuständen.

Die Schwingungstheorie versucht, beide Theorien zu erklären. Der Äther ist wohl die feinste Substanz, von deren Existenz die meisten überzeugt sind. Damit ist jedoch noch lange nicht gesagt, der Äther sei die feinste Materie, die es gibt.

Die Bewohner der Geisterwelt kennen und arbeiten noch mit viel feineren Stoffen, die wiederum noch grössere Kräfte in sich tragen. In den feinsten Substanzen sind die feinsten Schwingungen. Unsere Gedanken verursachen eine Schwingung im Äther und dieser ist wiederum sozusagen das Bindeglied zwischen den zwei Welten.

Durch den Äther fliessen die Kräfte von der einen in die andere Welt hinüber. Die Schwingungswellen beispielsweise unserer Gedanken stossen feinere Stoffe oder Körper in der Geisteswelt an, werden von diesen gefühlt und verstanden. In umgekehrte Richtung erhalten wir auch Eingebungen und Botschaften aus der Geisteswelt.

Die feinsten Ätherteilchen durchdringen alles, was ist, füllen die Lücken zwischen den gröberen Teilchen. Und je feiner ein Stoff ist, desto grösser ist die Lebenskraft, die in ihm enthalten ist.

Gott ist Leben. Somit gibt es keine absolut tote Substanz. Auch die winzigen Teilchen, aus denen Steine oder Metalle bestehen, schwingen ständig voller Leben. In ihnen rotieren in höchster Geschwindigkeit die Teilchen. Das ganze Universum ist somit ein unendlicher Raum, der mit Teilchen der universellen Substanz angefüllt ist, welche unterschiedlich schnell schwingen. Was gleich oder ähnlich schnell schwingt, zeigt in seiner Art Verwandtschaft. Denn was in ähnlicher Schwingung und Rhythmus miteinander harmonisiert, drängt zueinander. Die Skala, in welcher Teilchen schwingen können, ist unendlich.

Die Teilchen beeinflussen einander in der Schwingung. So kann langsamer Schwingendes die Geschwindigkeit von Schnellerem bremsen – oder umgekehrt, die schnellere, höhere Vibration steigert die Schwingung der langsameren Teilchen. Und manche balancieren sich aus. Dieses Einwirken aufeinander ist der Grundsatz der Veränderungen von allem, was es gibt, von Wachstum und Zerfall.

Das Leben, welches Gott ist, unterwirft sich in der materiellen Welt einem scheinbaren Tod. Der Urgeist fällt in einen mehr oder weniger tiefen Schlaf, während er sich in gröbere Materie umwandelt. Somit fällt der reine, mächtige, von Gott ausgehende Geist in einen hilflosen, begrenzten und beschränkten Zustand. Er schwingt langsamer, «stirbt», indem er hinabsteigt in die materielle Welt, in die «Finsternis», in die Illusion des Getrenntsein.

Das ist jedoch nur sein Scheintod. Der so «gefallene» Urgeist wird im allmählichen Erwachen Erlösung finden. Dieses Erwachen geschieht zuerst in der Menschenseele, in der sich Gott und Mensch wieder vereinigen oder wo der Mensch die immer dagewesene Verbindung zu Gott, der Urkraft, wieder entdeckt.

Wer diesen Mechanismus von Scheintod und Wiedergeburt durch Bewusstwerdung über alle Massen realisiert, hat die Mission jeder Menschenseele verstanden.

Die Rolle unserer Gedankenkraft wird unterschätzt. Die Teilchen unseres Körpers schwingen in Harmonie geordnet. Mit unseren Gedanken können wir diese Ordnung verändern – fördern oder stören.

Mit ihnen können wir also unser Wohlbefinden beeinflussen und Gesundheit wieder herstellen, sofern sie nicht schon zu sehr geschädigt ist. Auf diesem Weg ist jedoch auch die Heilung (Harmonisierung der Teilchen) bei anderen möglich.

Verstehen wir die Schwingungs- und Vibrationslehre wirklich, wird klar, wie und warum wir mit der Geisteswelt Kontakt haben, in die Vergangenheit und Zukunft sehen können. Die Gedanken anderer, mit oder ohne materiellen Körper, werden lesbar. So ist auch die Schwingung, welche von Menschen und Dingen ausgeht, erkennbar.

Die feineren Schwingungen der Geister sowie der inneren Welt erreichen uns genauso wie das Licht der Sterne oder die Sonnenstrahlen. Die feinschwingenden Ätherteilchen durchdringen die gröberen und langsamer schwingenden Teilchen. Erkennen wir diese Schwingungen nicht, obwohl sie immer da sind, so fehlt uns das dafür notwendige feine Empfinden. Dieses ist jedoch lernbar.

IV. Der Gedanke als Kraft

Unsere Gedanken sind nicht nur eine geistige oder psychische Kraft, sondern ebenso eine physische. Die Quantenphysik hat bereits bewiesen, wie unsere Erwartungshaltung, also unsere Gedankenkraft, das Verhalten von Teilchen beeinflusst.

Auf YouTube finden Sie sehr gute Informationen zu diesem Thema. Suchen Sie beispielsweise nach dem «Doppelspalt-Experiment» von User «88openmind88».

Gedanken wirken also auf die grobstoffliche Materie ein.

Professor Elmer Gates beschrieb in einem Artikel im «The Metaphysical Magazine» von New York im Jahr 1879 sein spannendes Experiment. Er wies den chemischen Wechsel in unserem Körper nach aufgrund von besonderen Gefühlszuständen, welche durch Gedankenkraft ausgelöst wurden. Verschiedene Menschen atmeten dabei in eine mit Eis gekühlte Röhre, so dass sich der Atem in Form eines Niederschlages in der Röhreninnenseite zeigte. War die Versuchsperson in einem normalen geistigen Zustand, so zeigte sich kein besonderer Niederschlag. War sie jedoch verärgert, so färbte sich dieser bräunlich. Hochgradige Trauer zeigte sich in grauem und Reue in blassrotem Niederschlag. Gates bewies, dass Gedanken und Gemütsregungen in unserem Körper eine chemische Reaktion auslösen, wovon manche sogar giftig sind. Die glücklichen Gefühle wiederum lösten in seinem Experiment eine chemische Reaktion aus, welche nährend und aufbauend wirkte. Gates war schon damals überzeugt, dass die Geistestätigkeit durch ihre Beschaffenheit Strukturen schafft, welche sich durch den Geist materialisieren. Der Wissenschaftler untersuchte diesbezüglich nicht nur den Atem, sondern auch die Veränderung des Schweisses und Blutes. Er bewies also schon vor 145 Jahren wissenschaftlich die chemische Reaktion in unserem Körper, hervorgerufen durch unsere Gefühle und Gedanken. Was aber eine Wirkung hervorbringt, muss auch eine Kraft sein.

Alles was ist, jeder Körper und jede Substanz, hat eine eigene Schwingungsart, welche die Teilchen in einer gewissen Weise zusammenhält. Die Schwingungsart zwingt also die Teilchen in eine bestimmte geometrische und mathematische Ordnung oder Zusammensetzung. Im Charakter stimmen also Ordnung und Schwingung überein.

Schwingungen, welche mit dieser Ordnung harmonisieren oder gar verwandt sind, beeinflussen diese nicht negativ oder gar zerstörend. Solche, welche jedoch disharmonisch dazu stehen, verändern die Geometrie der Teilchen, drängen sie zusammen oder treiben sie auseinander oder schaffen eine ganz andere Ordnung, welche dieser neuen, dominierenden Schwingung entspricht.

Dieser Mechanismus ist einfach zu erkennen im Alltag, beispielsweise beim Kochen wirkt dominierende Hitze auf das Essen ein und verändert dieses. Genauso wirken Licht, Wasser oder Luft auf bestehende Schwingungsarten ein und beeinflussen sie.

Wir brauchen jedoch keine Experimente, um akzeptieren zu können, dass Gedankenkraft und Gefühle auf unseren Körper wirken. Wir alle kennen lähmenden Schrecken oder rasende Wut. Wer also tatsächlich Angst, Eifersucht oder Neid Raum lässt, vergiftet sich selbst. Ein Arzt weiss, dass heftige Gemütsregungen die Funktionen verschiedener Organe stören. Noch viel mehr aber, als dass diese Kräfte auf unseren Körper wirken, beeinflussen sie die unsichtbaren Körper, die noch feiner schwingende Materie. Ein Hypnotiseur beeinflusst die Verhaltensweise seines Klienten. Suggestionen bewirken Ähnliches.

Ende des 19. Jahrhunderts wurde bereits experimentiert, inwiefern Informationen sogar zum Tod führen können. In Paris wurde damals einem zum Tod verurteilten Verbrecher gesagt, er werde nicht geköpft, sondern könne in seiner Zelle durch Aderlass sterben. Man band den Mann mit verbundenen Augen auf eine Bank. Am Rücken ritzte man ihn leicht, berührte ihn dort mit einem Schlauch und liess warmes Wasser seinen Rücken hinunter laufen. In einem Becken unterhalb der Bank wurde das Wasser aufgefangen. Nach vierzig Minuten war der Mann tot.

Daraus erkennen wir deutlich die Wichtigkeit, unsere Gedankenkraft selbst zu steuern. Fühlen wir uns in unserer Haut nicht wohl, so sollen wir eine Schwingungsart erzeugen, welche unser Unwohlsein positiv beeinflusst und Leiden abwendet. Wir müssen unsere Aufmerksamkeit von Leid ab- und dem Guten zuwenden. Leid sollte möglichst überhaupt keine Aufmerksamkeit erhalten, sondern komplett ignoriert werden.

Die wahre Harmonie entsteht dann, wenn unser Körper und Geist miteinander harmonisieren, wenn unsere innere Natur mit der geistigen übereinstimmt, eins ist. Diese Vereinigung kann niemand anders für uns übernehmen. Sie ist unsere Aufgabe, die menschliche und göttliche Natur in vollkommenen Einklang zu bringen.

Da der Mensch in Gott, oder dem Urgeist, lebt und sich bewegt, so ist auch die Natur Gottes die wahre Natur des Menschen. Gott, der Urgeist, ist unser

Grundton. Sämtliche Schwingungen, welche mit diesem Urton nicht übereinstimmen, bringen Unstimmigkeiten und Missklang in unser Dasein. Gute Gedanken und Gefühle erkennen sich in diesem Urton wieder, weil sie darin wurzeln, und verstärken die Verbindung zu Gott. Das Tiefschwingende, schlechte Gedanken und Gefühle, müssen aber irgendwann ein Ende finden, da sie gegen den allmächtigen Strom der Liebe, Gerechtigkeit und Weisheit laufen. Wer gegen seine eigene innere Natur ist, bestraft sich selbst als Sünder. Sünde wiederum hat jedoch nur Macht über den äusseren Menschen. Der innere Gottesfunke ist über alles Schicksal erhaben. Er arbeitet ruhig und stetig an der Vervollkommnung seines äusseren Gegenstücks.

V. Gedankenkonzentration

Parsifal Braun schrieb im 19. Jahrhundert von den geistig positiven (aktiven) und negativen (passiven) Zuständen. Damals legten die okkulten Künste viel Wert darauf, die Schüler in der Negativität/Passivität zu schulen. Extreme Nervosität, Wahnsinn und Besessenheit waren die Folgen. Heute wird teilweise in manchen Lehren immer noch mehr Wert auf die Negativität gelegt als auf das Positive, beispielsweise im Satanskult oder in allen Lehren, in denen es um das Machterlangen über andere Wesen geht.

Tatsache ist aber heute noch, dass die meisten Menschen geistig sehr negativ gepolt sind und deshalb allen möglichen unsichtbaren Einflüssen ausgesetzt sind.

Um die Sensitivität für höhere Schwingungen zu schulen, ist es entscheidend, mit der eigenen Passivität umgehen zu können. In ihr und durch sie öffnen wir unsere innere Tür – aber Vorsicht vor den Gästen! Nicht alle bringen Gutes oder sind uns wohlgesinnt. Wir müssen die Fähigkeit haben, vor den ungebetenen, gefährlichen Gästen die Tür wieder zu schliessen. Wer diese Fähigkeit nicht versteht, hat ein echtes Problem.

Viele «Meister» lehren in der heutigen Zeit ihren Schülern, wie sie die Türen öffnen können, nicht aber, wie sie die Gäste wahrnehmen und ihnen auch den Zutritt verwehren. So manches menschliche Wesen, auch Medien, haben damit ihr Los besiegelt und sind keinen guten Zeiten entgegengeeilt. Wer feinfühlend und offen den höheren Kräften gegenüber ist und dies aber auch gleichzeitig den niederen und elementaren Gewalten gegenüber wird, ruft ein unglückliches, jammervolles Resultat hervor. Dieses Offensein gegenüber den niederen Schwingungen beschränkt sich aber nicht nur auf solche, die spirituell arbeiten. Wir alle haben diese Art von Passivität mehr oder weniger in unserer Natur. Diese Eigenschaft ist göttlich und wurde uns mitgegeben, um uns mit dem Göttlichen und unserer wahren Natur zu verbinden. Wir müssen aber lernen, uns selbst in einen positiven Zustand zu versetzen, wenn wir die Tür vor Niederem verschliessen müssen. Durch Gedankenkonzentration legen wir den Schalter um von Passivität auf Aktivität, von Negativ auf Positiv.

Das letzte Kapitel zeigte auf, dass Gedanken Kraft sind. Konzentration wiederum bedeutet, dass wir die Richtung unserer geistigen Kraft auf einen Punkt und zu einem gewissen Zeck bündeln.

Ein Meister muss die Fähigkeit besitzen, sich nach Belieben in einen geistig positiven oder negativen

Zustand zu versetzen, um aktiv oder passiv zu sein. Bedrohen unharmonische Gedanken und Gefühle unseren Frieden, die innere Balance, dann müssen wir unsere Aufmerksamkeit in die entgegengesetzte Richtung lenken – auf Gedanken und Gefühle, welche uns erfreuen und in Balance halten. Es ist unsere Aufgabe, in diesem Augenblick unsere gesamte (!) Aufmerksamkeit in die positive Richtung zu lenken, und zwar so lange, bis sich die Wirkung zeigt.

Erst wenn sich diese neue Schwingungsausrichtung spürbar zeigt, wir uns wieder in Balance und harmonisch fühlen, ist diese wichtige Aufgabe erfüllt. Dieses Umschalten von der Negativität ins Positive ist im Körper wahrnehmbar.

Geht es um unsere Gesundheit, so können wir uns im Fall von Krankheit ebenfalls neu ausrichten. Wir müssen uns dafür erstens bewusst machen, dass alles in der Natur danach strebt, sich selbst zu heilen, in Harmonie und Gleichgewicht zu sein – sofern der Schaden nicht zu gross ist. Diese Kraft tragen auch wir in uns und ihr müssen wir vertrauen.

Zweitens müssen wir uns auch im Krankheitsfall bewusst sein, dass wir dieser Kraft entweder negativ entgegenwirken oder sie positiv unterstützen können. In Krankheitszeiten sollten wir uns also immer wieder bewusst machen, dass wir mit der göttlichen Ordnung, dem Urgeist verbunden sind und dass dieser Schöpfergeist jederzeit imstande ist, Ruhe und Ordnung in körperliche Zustände zurückzubringen. Dazu gehört Vertrauen in die Liebe, Güte, Weisheit und Macht des Urgeistes. Mit dieser Vorgehensweise unterstützen wir die Kraft in uns, die nach Gesundheit und Wohlbefinden strebt.

Unsere Gedankenkraft beeinflusst jedoch nicht nur unseren Körper, sondern auch unsere äusseren Verhältnisse. Nach unseren gewohnheitsmässigen Gedanken bildet sich unser Charakter. Sie formen unseren Geist nach aussen. Die Gesamtsumme unserer Gedanken bestimmt unseren Platz in der Welt. Mit ihnen erzwingen wir auch finanzielle und geschäftliche Erfolge. Die wiederholende, zweckmässige Konzentration unserer Gedanken gibt uns die Macht dafür.

Wer arm ist, muss aufhören, Armut erzeugende Gedanken zu pflegen wie beispielsweise Angst, Misstrauen, Entmutigung. Die Gedanken müssen in diesem Fall ständig und systematisch auf die finanzielle Besserung gerichtet sein, sie müssen Mut, Selbstvertrauen und Vertrauen in andere enthalten. Dies bringt früher oder später bessere äussere Zustände mit sich.

In Indien gibt es eine Schlange, von der wir viel lernen können über den Willen und die Überzeugung. Ist die Schlange hungrig, legt sie sich ganz ruhig hin und gibt einen langen Pfeifton von sich. Mit ihm sendet sie ihre Willenskraft aus und der Ton lockt kleinere Tiere an. Die Schlange braucht im Grunde nur noch das Maul aufzusperren und ihr Mahl zu verschlingen – ohne sich von der Stelle zu rühren.

Diese Macht, alles Nötige durch die konzentrierte Gedankenkraft und den Willen an sich heranzuziehen, trägt auch der Mensch im Keim in sich. Jesus fasste diese ganze Wissenschaft in einem Wort zusammen: Glauben. Dieser Glaube, oder die völlige Überzeugung, kann nur durch Gedankenkonzentration erreicht werden. Als Grundlage dient die Erkenntnis, dass der Mensch mit Gott eine Einheit ist. Alles, was ist, wird durch die höheren geistigen Kräfte in der Natur oder im Menschen kontrolliert – Finanzen und Erfolg mit einbezogen. Wenn Sie von Kopf bis Fuss in der Schwingung «Erfolg» vibrieren, wird jeder, der mit Ihnen in Berührung kommt, je nach seiner eigenen Empfänglichkeit (Negativität/ Passivität), davon beeinflusst. Es gibt Menschen, die vibrieren von Natur aus in dieser Art, andere machten sich diesen Mechanismus des Vibrierens und Geldanziehens bewusst und erlernten ihn. Gedankenkonzentration ist also der magische Schlüssel, welcher uns die Macht gibt über Gesundheit und Krankheit, Erfolg und Wohlstand.

Der Gedanke ist eine feine und sehr starke Kraft. Sie ist schneller als Elektrizität und durchdringt auch gröbste Materie. Wer sich ernsthaft mit ihr beschäftigt, wird verblüfft sein, was für Möglichkeiten diese Kraft zu eröffnen vermag.

Im Raja Yoga wird die bewusste Vereinigung der Seele mit dem Göttlichen trainiert. Der Mensch wächst aus seiner beschränkten, materiellen Sphäre hinaus und in die geistige, unendliche Sphäre des Göttlichen hinein. Die Gedankenkonzentration ist in dieser indischen Lehre der letzte Schritt vor der Vereinigung, welche Seelen als Endziel und Erleuchtung anstreben.

Der Mensch ist von Materiellem umgeben. Er hat einen Körper, um an die auf materieller Ebene heimischen Schwingungen zu gelangen. Sein materielles System besitzt die Fähigkeit, auch die feineren Schwingungen wahrzunehmen. Dennoch ist er meistens nicht empfänglich dafür. Die Empfänglichkeit für die gröbere Schwingung erhält er von Geburt aus automatisch dank seines grobstofflichen Körpers mit. Die fünf Sinne öffnen ihm die Türen zur grobstofflichen Wahrnehmung. In den unteren Stufen seiner Evolution ist der Mensch negativ und passiv und dadurch für die gröberen Schwingungen empfänglich wie Farbe, Töne, Licht, Wärme und Gerüche, aber verschlossen gegenüber den positiven, höheren und feineren Schwingungen. Je weiter er die Stufen in seiner Evolution hinaufsteigt, desto mehr öffnet er sich den höheren, feineren

Schwingungen und er muss lernen, sich zeitweilig den grobstofflichen Einflüssen zu verschliessen. Der Mensch muss sich dann für Momente mit seinen fünf Sinnen von den eindringenden, grobstofflichen Eindrücken fernhalten. Kleine Gedankenwellen wandern auch im bewussten Zustand ständig durch unseren Geist. Auch ihnen muss Einhalt geboten werden, damit die feineren, geistigen Schwingungen von innen oder von aussen empfangen werden können. Dies alles wird möglich, wenn wir unsere Gedanken auf einen einzigen Punkt konzentrieren. Dadurch werden wir für eine Weile unempfindlich gegenüber den gewöhnlichen äusseren Eindrücken. Dadurch, dass wir ihnen eine grössere Welle entgegenstellen, bleiben die kleineren Gedankenwellen in Schach.

Übung:
Um die Gedankenkonzentration zu trainieren, setzen Sie sich einmal am Tag still hin an einen Ort, an dem Sie ungestört sind und bleiben. Richten Sie die Augen auf eine Stelle, damit Ihr Blick nicht auf andere Objekte abschweift, die sich in Ihrem Sichtfeld befinden. Fällt die Konzentration auf einen einzigen Gedanken dennoch schwer, versuchen Sie es mit geschlossenen Augen. Ziel ist aber, dass Sie Ihre Kraft auf einen Gedanken bündeln können, ganz gleichgültig, wo Sie sich befinden, mit offenen Augen mitten unter Menschen beispielsweise. Will Ihr Geist von dem einen Gedanken abwandern zu

einem anderen, so müssen Sie sich immer wieder neu ausrichten. Kehren Sie immer wieder zu dem einen Gedanken zurück.

Sie brauchen sich dabei nicht an den genauen Wortlaut zu halten. Die Kernenergie des Gedankens ist wichtig und ausschlaggebend. Halten Sie mit Ihrer Konzentration also nicht starr an einem einzigen Satz fest. Dieser eine Satz kann sich in ganz unterschiedlichen Formulierungen oder Gedankenbildern zeigen. Eine mechanische, sinnlose Wiederholung des einen Satzes wäre sinnlos. Je farbiger und vielfältiger Sie jedoch die Kernenergie dieses Satzes in Ihrer Konzentration halten, desto wirkungsvoller ist die Übung.

Verwenden Sie beispielsweise den Gedanken «Ich bin Eins mit Gott», so können Sie über Gott selbst sinnieren, wie er sich in Ihnen und durch Sie ausdrückt. Betrachten Sie den zentralen Gedanken aus möglichst unterschiedlichen Blickwinkeln, vielleicht von allen Standpunkten aus. Versenken Sie sich absolut in diese Betrachtung, so dass Sie nichts mehr um sich herum wahrnehmen.

Der Könner wird zum Meister, wenn er in der dichtesten Menschenmenge seine gesamte Konzentration auf einen Punkt oder einen Gedanken richten kann. Dies ist die wahre, mächtige Gedankenkonzentration. Beherrscht man diese, so ist man fähig, die schwierigsten Probleme zu lösen und Beschwerden zu heilen. Bei der Arbeit oder im Studium hilft diese Fähigkeit, sich auf die Arbeit zu konzentrieren, sich von äusseren Eindrücken abzuschirmen und sonstige Zerstreuung auszumerzen. Belohnungen für Gedankenkonzentration sind also Erfolg, Sicherheit, Ruhe und Macht – genau dies werden wir dann auch für andere spürbar ausstrahlen. Dadurch fassen andere leichter Vertrauen und schenken uns leichter ihre Zuneigung. Die unzähligen Vorteile der Gedankenkonzentration sind kaum vollständig aufzuzählen.

Mit der Zeit wird es uns immer leichter fallen, unsere eigenen, automatisierten Alltagsgedanken zeitweise völlig abzustellen und so in den passiven Zustand zu wechseln, in dem wir in Verbindung mit dem höheren, inneren Wissen sind.

In diesem Stadium ist ein neuer Bewusstseinszustand erfahrbar, in dem unser Geist und die Seele mit dem Allgeist eins werden und wir dadurch von Überirdischem Kenntnis erhalten können. Unser Bewusstsein tritt dann aus der Begrenzung ein in einen unendlich weiten Raum des Göttlichen.

Die Gedankenkonzentration können wir auch trainieren, indem wir an aussergewöhnlichen, möglichst belebten Orten lesen oder schreiben. Zu Beginn dürfte dies für Ungeübte ein schwieriges

Unterfangen sein, doch erlangen wir mit dem Training immer mehr die Fähigkeit, von äusseren Umständen unberührt zu bleiben.

Menschen, die negativ, also empfänglich sind, «verdanken» Unwohlsein oft auch äusseren Einflüssen, die von anderen Menschen auf sie einströmen. Traurigkeit, schlechte Laune, Angst, sogar körperliche Schmerzen können von solchen auf Empfang eingestellten Menschen zeitweise übernommen werden. Leider denken diese dann oft, es seien ihre eigenen Empfindungen. Gegen solche Fremdübertragung hilft nur Gedankenkonzentration auf aktive, positive Energien und Gemütszustände.

Furcht oder Traurigkeit einer Mutter können beispielsweise leicht auf das Kind übertragen werden. Entmutigende oder negative Äusserungen gegenüber kranken Menschen, noch besser aber gegenüber allen Wesen, sollten vermieden werden. Nur schon das Erzählen von Krankheiten und Unfällen in Gegenwart von gesunden Menschen beeinflusst deren Wohlbefinden und ist somit zu unterlassen. Aussagen gegenüber einem Kranken wie «du bist aber bleich» beeinflussen seinen Zustand weiterhin negativ.

Die Wissenschaft hat mittlerweile genug bewiesen, dass Gedankenkraft die Funktionen unseres Körpers beeinflusst.

Konzentrieren wir uns beispielsweise eine Weile intensiv auf ein Körperteil, so ist in diesem eine verstärkte Blutzirkulation nachweisbar. Ein Pochen, Prickeln oder Druckgefühl wird dort spürbar. Würde man die Temperatur vergleichen, so wäre diese ziemlich sicher in diesem Körperteil im Vergleich zum restlichen Körper ebenfalls angestiegen.

Scheinbar ist auch ein ausserordentlicher Fall einer Frau in Philadelphia dokumentiert worden. Sie hat sich während jeweils einer Stunde am Morgen und nachmittags über 14 Wochen lang auf ihre linke Brust konzentriert. Diese wuchs in dieser Zeit um das Vierfache. Danach konzentrierte sich die Frau scheinbar im gleichen Mass auf die rechte Brust mit dem Resultat, dass auch diese wuchs, bis sie gleich gross war wie die linke. Wohlgemerkt, dies wurde gegen Ende des 19. Jahrhunderts dokumentiert! Wie viele Tausende Euros wohl heute an Schönheitsoperationen eingespart werden könnten?!

Verschiedene Meister der Gedankenkonzentration betonten, mit genügend Sicherheit und Vertrauen könnten körperliche Zustände verwirklicht werden, sofern das Erwartete nicht komplett ausserhalb aller Möglichkeiten liege.

Übelkeit oder Durchfall können tatsächlich durch Gedankenkraft ausgelöst werden – aber auch vieles weitere.

***Übung*:**
Parsifal Braun empfiehlt folgende Übungen, um die Gedankenkonzentration zu trainieren:
Nehmen Sie eine kleine Figur oder ein kleines Bildchen, stellen es vor sich hin, betrachten Sie es intensiv in allen Details. Dann schliessen Sie Ihre Augen und versuchen, den Gegenstand oder das Bild in allen Details mit Ihrem geistigen Auge hervorzurufen. Üben Sie dies, bis Sie dieses Bild deutlich vor Ihrem geistigen Auge sehen.

Trainieren Sie dies zehn oder fünfzehn Minuten täglich. Nach gewissen Fortschritten können Sie das Gesehene auch mündlich oder schriftlich so genau wie möglich beschreiben. Dieses Training fördert nebst der Gedankenkonzentration auch die Fähigkeit des Ausdrucks sowie des Gedächtnisses.

Machen Sie es sich zur Gewohnheit, alles, was Ihnen begegnet und Sie sehen, eingehend wahrzunehmen und Ihrem Gedächtnis möglichst gut einzuprägen. Wiederholen Sie öfters das Gesehene und Erlebte im Geist. Hilfreich ist auch, das Tagesgeschehen vor dem Schlafen nochmals geistig und möglichst bildhaft sowie detailliert durchzugehen. Wer dies zur Gewohnheit macht, entwickelt mit der Zeit ein ausserordentliches Gedächtnis. Schreiben, Lesen und Lernen dienen überhaupt der Stärkung der Gedankenkonzentration. Dies wissen Studierte aufgrund eigener Erfahrung.

Es gibt zu viele Sklaven in unserer Welt, die sich von dem Treiben der eigenen Gedanken Schaden zufügen lassen. Der Mensch sollte lernen, Herr über seine Gedankenkraft zu werden und sich so vor schädlichen Einflüssen von innen und aussen zu schützen. Selbstentwicklung und Selbstbeherrschung sind der Weg zum Erfolg, Frieden, Glück und Gesundheit – denn auf diesem Weg befreit sich der Mensch von allem Hinderlichen.

Menschen, die mit ihren Gedanken hin und her fliegen wie Schmetterlinge, unstetig sind und sich von den Gedanken treiben lassen, müssen sich unbedingt in Gedankenkonzentration üben. Sie müssen lernen, ihre Gedanken auf einen bestimmten Punkt zu richten, ihre Aufmerksamkeit zu bündeln, damit das Licht ihres Geistes einen starken Brennpunkt erzeugt.

Diese Aufmerksamkeit kann sowohl positiv (aktiv) wie auch negativ (passiv) sein. Beim Sprechen richten wir unsere Aufmerksamkeit beispielsweise in aktiver Weise auf unsere Worte und das, was wir sagen möchten. In einem Gespräch, wenn wir den Worten des anderen lauschen, ist unsere Aufmerksamkeit passiv. Wir sind dann die Aufnehmenden.

Ein Träumer ist vermehrt ein passiver Beobachter, der seinen unwillkürlichen Gedanken nachhängt und oft von ihnen beherrscht wird. Er gerät seltener ins Handeln, in die Aktivität. Auch Menschen, die sehr viel lesend aufnehmen, sich aber keine eigenen Gedanken über das Aufgenommene machen, kann diese Angewohnheit bis zu einem gewissen Grad zum Verhängnis werden.

Beiden, dem Träumer und Lesenden, kann im extremen Fall die Fähigkeit fehlen, ihre Aufmerksamkeit in aktiver Weise umzusetzen und zu kontrollieren. Damit machen sie sich zu Spielbällen des Schicksals oder zu widerstandslosen Sklaven von Passivem.

Die Fähigkeit, Gedankenkräfte auch aktiv umzusetzen, ist entscheidend für Freiheit und Emanzipation. Erst wenn beides umgesetzt wird, das Aktive und das Passive, beides weise gepflegt und angewendet wird, ist Freiheit möglich.

Menschen, die ihre Gedankenkonzentration überentwickelt haben, können an Elastizität des Geistes einbüssen. Wenn sie so intensiv an einem Gedanken anhaften, dass sie nicht einmal mehr bemerken, wenn sie persönlich angesprochen werden. Diese Menschen haben verlernt, ihre Aufmerksamkeit rasch von einem Punkt auf einen anderen zu lenken. In Gesellschaft kann dies mühsam werden, weil diese Menschen oft nur über ein Thema sprechen, wodurch ihre Konversation für andere ermüdend wird. Oder sie wirken zerstreut, unaufmerksam und ihre Antworten sind unzutreffend. Diese Menschen sollten ihre Gedankenkraft insofern trainieren, dass sie ihre Aufmerksamkeit flexibel von einem zum anderen Gegenstand springen lassen. Der Wechsel von innen nach aussen und umgekehrt ist sinnvoll. Spaziergänge, auf denen genauso Innenschau gehalten wird und dann wiederum Menschen, Tiere und Pflanzen aufmerksam betrachtet werden, sind ideal. Dies hilft, Starrheit in den Gedanken zu lösen und wieder Leichtigkeit zu finden.

Eine andere Art von Starrheit in der Gedankenkraft ist ebenso hinderlich auf dem Weg zum höheren Bewusstsein. Das ist eine unvernünftige Unbeugsamkeit in den eigenen Ansichten, welche dazu verleitet, sich gegenüber andersdenkenden Menschen unvorteilhaft zu benehmen oder etwas zu tun, was danach bereut wird. Diese unflexible Gedankenhaltung wird oft mit Charakterstärke verwechselt.

Möglicherweise ist das sogar der Fall, wenn es ein Festhalten am Guten und ein konsequentes Abhalten des Bösen bedeutet. Ist es jedoch ein Festhalten, welches zum eigenen oder zu dem Schaden anderer wird, ist dieses Verhalten als Charakterschwäche zu deuten. In diesem Fall sei den Menschen geraten, niemals ohne gründlichem Nachdenken eine wichtige Entscheidung zu fällen. In dieser Zeit des Nachdenkens sollten sie die Angelegenheit flexibel von allen Seiten betrachten – auch aus dem Blickwinkel anderer, damit sie gerecht und weise eine

Entscheidung finden können. Einseitigkeit ist überall zu vermeiden, auch in der Gedankenkonzentration. Die unterschiedlichen Perspektiven dienen dazu, volles Licht und Klarheit über etwas zu erhalten. Ist uns eine Wahrheit noch so unwillkommen, sollten wir uns dennoch nicht vor ihr verschliessen. Der einseitig denkende und unflexible Mensch schadet sich selbst am meisten. Vorurteile sind eine weitverbreitete Vogelstrauss-Technik, welche das Licht der Wahrheit und Freiheit verbirgt.

VI. Geistiges Heilen

Bisher haben wir in diesem Buch erfahren:
Der Urgeist ist eins mit der Natur und uns Menschen. Im Innersten des Menschen ist der Gottesfunke, wohnt das Göttliche.

Die Natur und der Mensch streben nach harmonischer Entwicklung. Wo diese Harmonie gestört ist, beispielsweise durch Krankheit, versucht dieses Streben die Harmonie wieder herzustellen.

Die Energieteilchen ordnen sich nach der jeweiligen Schwingungsart, denen sie ausgesetzt sind. Je nachdem, was für einer Qualität der Schwingung die Teilchen ausgesetzt sind, verändert sich diese Ordnung wieder.

Harmonische und regelmässige Schwingungen bringen die Teilchen in eine schöne, geometrische Ordnung. Unregelmässige, unharmonische Schwingungen stürzen die Teilchen in eine chaotische Ordnung, oder sie heben die Verbindung zueinander auf, da keine Verwandtschaft mehr zwischen ihnen besteht.

Mit guten Gedanken, welche mit unserer inneren göttlichen Natur und Wesenheit übereinstimmen, harmonisieren wir unser eigenes Körpersystem sowie unsere Umgebung. Wir können also bewusst die normalerweise unbewussten Abläufe in unserem Körper beeinflussen.

Durch Gedankenkonzentration werden unsere Gedanken zu einer starken Macht und grossen Kraft.

Um eine gestörte Ordnung in unserem Körper wieder herzustellen, ist eine Kraftanwendung in der Grössenordnung notwendig, wie die Störung vorhanden ist. Wir können der Natur mit angemessenen Gedanken und Konzentration sehr behilflich sein, die Harmonie wieder herzustellen. Unsere Mithilfe kann beim Gelingen der Harmonisierung das sogenannte entscheidende Zünglein an der Waage sein. Erwarten wir in Gedanken gläubig, dass unsere Gesundheit wiederkehrt, richtet sich jedes Teilchen in unserem Körper genau auf diese vorherrschende Gedankenvibration aus und seine Nachbarn genauso – sofern Genesung wirklich noch möglich ist, geschieht sie am leichtesten genau so.

Schädliche Gedanken und Aufregung stören unser Verdauungssystem genauso wie unseren Ernährungsprozess. Ist die Widerherstellung von Gesundheit erwünscht, ist jedoch mehr nötig, als nur schädliche Gedanken und Aufregung von uns und aus unserem Körper fernzuhalten. Wir müssen unsere Gedanken dafür aktiv steuern, um bewusst auf die normalerweise unbewussten Geistestätigkeiten einzuwirken. Unsere Konzentration muss in diesem Fall der Vollkommenheit unseres Wesens gelten.

Unser Bewusstsein und die Aufmerksamkeit müssen komplett vom krankmachenden Umstand abgezogen und auf das wesentliche, vollkommene Ebenbild Gottes in uns selbst gerichtet sein. Je mehr wir in Kontakt mit dieser Vollkommenheit in uns gelangen, desto günstiger wirkt sich das auf unsere Genesung aus. Dank dieser Gedankenvibration finden die Teilchen in unserem Körper wieder in ihre Normalität zurück und die körperlichen Funktionen stabilisieren sich in ihrer natürlichen Ordnung.

Dies ist alleine schon durch die logische Natur unseres Körpersystems zu beweisen. Unser Körper erneuert sich ständig. Ähnlich wie auf einer Baustelle zirkulieren in uns Abfallstoffe, aber auch neue, frische «Baustoffe» werden in uns dahin transportiert, wo sie benötigt werden. Diese Baustelle können wir mit unseren Gedanken verschlimmern oder errichten daraus das, was wir uns wünschen.

Parsifal Braun beschreibt, dass das Fasten diese Erneuerung zusätzlich unterstützt. Denn während einer Fastenzeit verzerrt der Körper seine Reserven und sobald der Fastende wieder zu essen beginnt, wird das verzerrte Material durch neues ersetzt.

Uns geschieht tatsächlich nach unserem Glauben, wie dies bereits Jesus sagte. Sind wir also krank, glauben wir daran, dass Gottes Liebe und Allmacht in uns ist. Konzentrieren wir uns auf diesen Glauben. Diese Allmacht ist stets gewillt, uns zu helfen. Doch wir sind in diesem Fall verpflichtet, mit unserem Glauben und der Gedankenkraft dafür die besten Bedingungen zu schaffen. Gottes Gesetze sind auch jene unserer wahren Natur.

Die zwei Einsichten, dass wir erstens eins mit Gott sind und zweitens, dass Gott unendliche Liebe und Vollkommenheit ist, vermögen uns bis in unser tiefstes Bewusstsein zu bewegen. Wo diese Einsichten tief genug sind, wirken sie magisch und oft augenblicklich.

Parsifal Braun war davon überzeugt, dass es in diesem Fall überhaupt keine Rolle spielt, wo diese Heilung geschieht, ob beim Arzt, einem Naturheiler, Schamanen oder an einer heiligen Stätte. Dieses natürliche Gesetz des Glaubens und der Heilung funktioniert überall, egal in welcher Gegenwart oder an welchem Ort. Die Geisteskraft selbst ist entscheidend. Je intensiver der Glaube und die Erwartung sind, je mächtiger wirkt die Geisteskraft. Jeder, der durch Geisteskraft geheilt werden möchte, sollte sich Gottes Allmacht in sich selbst vorstellen, Gottes Licht und Lebenskraft. Die ganze Aufmerksamkeit sollte genau darauf konzentriert werden.

Wir brauchen nicht auf Krankheit zu warten, denn diese Übungen sind für das tägliche Training genauso wichtig und wirksam. Tritt dann tatsächlich Krankheit in unser Leben, ist unsere Geisteskraft bereits geübt. Sobald negativer Stress, Entmutigung und niederdrückende Vorstellungen auftreten, müssen wir dies durch die Konzentration auf die göttliche Allmacht in uns beseitigen. Dadurch wird der Geist wieder in einen positiven Zustand gebracht, was sich wiederum positiv auf den Körper auswirkt. Mit Übung ist es dann möglich, bewusst von einem in den anderen Zustand – und umgekehrt – zu wechseln. Dabei sollte man möglichst nicht nachdenken, sondern den höheren geistigen Schwingungen aus dem Innern die Gelegenheit geben, auf uns einzuwirken.

Nicht vergessen: Der Körper strebt nach seiner Natur sowieso danach, sich selbst zu heilen. Mit dieser Geisteskonzentration können wir die Heilung unterstützen und beschleunigen. Tun wir dies nicht, so sollten wir diesen Heilungsmechanismus zumindest nicht noch mit negativen Gedanken behindern. Um den Geist bei seinen Heilungsbemühungen nicht zu behindern, müssen wir uns äusserlich so passiv und empfänglich machen wie nur möglich. Hingabe an den Geist ist die beste Strategie. Soll der Geist sein Bestes tun, so sollte der Mensch still sein und die Heilwirkung des Geistes auf den Körper gläubig und vertrauensvoll erwarten. Dieser Geist hatte die

Macht, unseren Körper zu erschaffen – er hat genauso die Macht, Schäden darin wieder auszubessern.

Was die Heilbarkeit einer Krankheit betrifft, ist eine Prognose diesbezüglich sehr schwer. Was unter ungünstigen Voraussetzungen als unheilbar erscheint, kann unter günstigen Voraussetzungen heilbar werden. Unser Glaube, dass wenn wir selbst günstige Voraussetzungen schaffen, der Geist alles für unsere Heilung tut, ist enorm wichtig. Nur schon der Zweifel an der Wirksamkeit wirkt hinderlich. Wer zweifelt, wendet sich besser an jemanden, der Erfahrung mit dem geistigen Heilen hat und zweifelsfrei ist.

Für den Geist gibt es weder Raum noch Zeit.

Die Gedankenkraft ist die feinste und gleichzeitig die höchste Kraft, welche wir kennen – und die ist nicht an Raum oder Zeit gebunden!

Somit wird es möglich, dass wir unsere Gedanken in die Ferne senden und diese dort von einer anderen Person empfunden und verstanden werden. Meistens jedoch dringen diese Gedanken nur ins Unterbewusstsein der anderen Person. Es sind aber genau die unbewussten Kräfte, welche uns zum Handeln bringen und unsere körperlichen Funktionen beeinflussen. Heilung ist also auch über die Ferne möglich. Am besten senden wir solche heilende Geisteskraft zu einem Zeitpunkt, an dem die andere Person tief schläft. Hierzu wurden bereits im 19. Jahrhundert unzählige Experimente angestellt, welche das Einwirken der Geisteskraft auf die Ferne untermauerten.

Um unnötige Gegenwehr bei der anderen Person zu vermeiden, ist es besser, ihr vorher nichts davon zu sagen. Zu viele Menschen stehen der Macht der Geisteskraft skeptisch gegenüber.

Wenn wir einem Kranken heilende Gedanken senden möchten, so sollten wir ihn mit seinem göttlichen Teil in sich selbst verbinden, beispielsweise mit Worten wie:

«Dein Geist ist immer gesund und in seinem Wesen vollkommen. Der Gottesfunke in dir ist ein Teil des allmächtigen Gottesgeistes, der das ganze Universum erschaffen hat. Der Geist Gottes hat die Macht, deinen Körper (oder deine Gedanken) zu heilen und das wird er auch tun.»

Wichtig ist, dass wir den vollkommenen Geist in diesem Menschen ansprechen. Unsere eigene Erwartung an die Heilung ist dabei genauso wichtig.

Wenn jemand zu Ihnen kommt mit dem Wunsch, geheilt zu werden, so setzen Sie sich ihm in geringer Entfernung gegenüber. Sagen Sie dem Kranken, dass Sie nun zu seinem Geist sprechen möchten und dass sein eigener Glaube dafür nicht entscheidend sei, er jedoch bitte auch keine Gedanken dagegen stellen soll. Ihr Gegenüber darf keinen aktiven Widerstand gegen Ihr geistiges Heilen aufbauen. Sprechen Sie nun in Gedanken zu Ihrem Gegenüber, im ähnlichen Sinne wie bei einer Fernsendung.

Selten wird ein Kranker in nur einer einzigen Sitzung geheilt. Idealerweise sollte man diese Übung täglich oder alle zwei Tage durchführen.

Vielleicht empfinden Sie es als angebracht und stimmig, mit der Person über den Gottesfunken und seine Macht zu sprechen. Bitten Sie Ihr Gegenüber, möglichst mit eigener Gedankenkraft die Heilung zu unterstützen und setzen Sie selbst möglichst viel Vertrauen in diesen Menschen. Wenn Sie es schaffen, in ihm diese Erwartung an eine Heilung wachzurufen, ist dies sehr dienlich. Denn je stärker und fester diese Erwartung ist, umso sicherer und eher tritt Heilung ein.

Bei einer Fernübertragung können Sie dem Empfänger eine Zeit nennen, zu der Sie die Gedanken an ihn übertragen werden, und ihn bitten, sich zu diesem Zeitpunkt in die Stille zurückzuziehen und die Geisteskraft erwartungsvoll entgegenzunehmen. Ist der Empfänger bereit dafür, können Sie ihn sogar bitten, seine Konzentration ebenfalls nach innen auf seinen Geist zu richten und die Heilung durch ihn positiv zu erwarten. Durch diese Vorgehensweise wird die Heilung zweifach angeregt: durch Ihre gesendete Gedankenkraft sowie durch die Anregung jener des Kranken.

Schon im 19. Jahrhundert vermutete Parsifal Braun, es würde noch eine ganze Weile dauern, bis die Methode des geistigen Heilens in der Gesellschaft anerkannt würde. Sehen wir uns heute um, so hatte er leider recht. Nach wie vor halten die Medizin und die Medikamente unser Gesundheitswesen im Griff.

Damit geistiges Heilen möglich wird, müssen wir unseren eigenen Glauben auf möglichst vielfältige Weise stärken. Besonders die Fähigkeit, sich auf die eigenen Gedanken zu konzentrieren, ist wichtig.

Übung:
Die Gedankenkraft, die für eine Fernheilung nötig ist, kann auch in einer Übung gekräftigt werden: Legen Sie sich hin und atmen Sie tief in Ihre Lungen. Halten Sie Ihren Atem an und spannen Sie langsam möglichst viele Muskeln an. Kopf- und Halsmuskulatur sollten jedoch entspannt bleiben. Halten Sie diese Körperspannung so lange wie möglich, ohne sich damit zu verausgaben. Wenn Sie fühlen, dass Sie die Spannung nicht mehr länger halten können, lösen Sie die Muskeln langsam – doch bevor Sie den Atem ausströmen lassen, nehmen Sie nochmals einen kleinen Atemzug hinzu. Erst dann atmen Sie

langsam aus. Dieses Vorgehen ermöglicht ein ruhigeres Ausatmen.

Diese Übung belebt, stärkt die Lungen und Nerven. Sie ist eine Woche lang jeweils morgens und abends durchzuführen, jeweils bis zu einem Dutzend Mal hintereinander. Versuchen Sie, währenddessen nichts zu denken. Wird die Übung richtig durchgeführt, so werden Sie aussergewöhnliche Empfindungen in den Lungen, in den Nerven und somit auch im Geschlechtssystem erleben, welche auf eine erhöhte Vitalkraft hinweisen. Der Körper wird durch diese Übung mit Lebenskraft angereichert. Durch das Anspannen der Muskulatur erhalten die Nerven die Kraft aus dem Blut, was sich in diesen Empfindungen bemerkbar macht. Und dazu kommt noch die Sauerstoffanreicherung – gleichzeitig aber werden wir auch von der Kraft genährt, die nicht mehr zu benennen ist. Ohne diese vitalisierende Substanz könnten wir keinen Augenblick leben. Indem wir unseren Körper mit ihr zusätzlich versorgen, kräftigen wir automatisch unsere Gedankenkraft, was sich auf unsere Heilbemühungen positiv auswirkt.

Übung:
Eine weitere Übung hilft, die Funktionen der inneren Organe wie Darm, Leber, Magen, etc. anzuregen und den ganzen Körper verstärkt der Geisteskraft unterzuordnen: Legen Sie sich auf den Rücken und füllen Sie die Lunge mit Luft, wie in der letzten

Übung bereits beschrieben. Während dem Halten des Atems konzentrieren Sie sich auf den Bereich unterhalb Ihrer Rippen und oberhalb Ihres Nabels. Wechseln Sie nun damit ab, diesen Bereich in Ihrer Vorstellung energetisch auszudehnen und einzuziehen. Hören Sie erst damit auf, wenn Sie den Atem wieder ausströmen lassen. Sobald Sie wieder frische Luft geatmet haben, beginnen Sie mit diesem Ausdehnen und Einziehen erneut. Wiederholen Sie diese Übung vier bis sieben Mal nacheinander.

Wenn wir hier Geistheilung empfehlen, so heisst dies nicht, dass dieses Buch vor anderen Methoden abrät. Geistheilung und Medizin können friedlich nebeneinander existieren, das eine schliesst das andere nicht aus. Die eine Methode wirkt von innen auf die Genesung ein, die andere von aussen. So ist gemeinsam vielleicht Heilung möglich, wo sie alleine durch die Anwendung einer Methode nicht möglich gewesen wäre.

Gott findet seinen Ausdruck in der Natur und im Menschen. Es ist stets in Gottes Willen, dass ein Mensch so lange lebt, wie er in seinem Leben auf dieser Welt noch lernen kann. Die Gesundheit selbst ist also Teil von Gottes Willen. Zu Beginn fällt es uns vermutlich schwer, unsere physische und geistige Vollkommenheit mit dem Willen Gottes gleichzusetzen. Das menschliche Streben nach Harmonie und Vollkommenheit ist also stets legitim. In diesem

Wunsch wird der Mensch durch die natürlichen Mechanismen gestärkt.

Beim Alkoholismus sind die Geisteskräfte in die falsche Richtung gewandert und werden dort zu einer unbewussten Macht. Je stärker die Sucht ist, desto verkehrter und tiefer ist der Alkoholiker in die falsche Richtung geschritten und von der richtigen, von seiner wahren Natur, abgewichen. Irgendwann fühlt sich der Alkoholiker zu schwach und von seiner Sucht komplett beherrscht. Er fühlt sich machtlos und schreibt die ganze Macht dem Alkohol zu. Dies ist jedoch nur die Macht seines subjektiven Willens!

Eine solche Gewohnheit, in die falsche Richtung zu denken und zu handeln, kann nur mit einer neuen überwunden werden. Ist dieses falsche Denken zu einer subjektiven Kraft geworden, dann kann sie anhand von stetig objektivem Willen wieder auf die richtige Seite gedreht werden. Zu dieser Kehrtwende gehört das «Nein!». Der Betroffene muss sich bewusst werden, dass er von Natur aus Herr über seinen Willen ist und somit auch Herr über seine Gedankenkraft. Er sollte diese Herrscherrechte wieder beanspruchen und sich die Frage stellen: «Will ich mich beherrschen lassen oder herrschen?» Ein Alkoholiker trinkt nur so lange, wie er sich beherrschen lässt.

Sobald die Seele wieder ihr göttliches Geburtsrecht lebt und es in Anspruch nimmt, kann sie nichts und niemand mehr zu einem Tun oder Wollen zwingen als sie selbst. Ein starker Mensch ist jener, der gelernt hat, sich selbst zu beherrschen. Die grosse Welt wird ihm daraufhin Achtung schenken. Dafür werden ihn Feiglinge und Schwächlinge wohl für seine Stärke beneiden und hassen. Oft erben wir Angst und Feigheit auch von unseren Eltern. Ist dies der Fall, so dürfen wir nicht vergessen, dass über allem und in allem Gott ist. Schenken wir doch diesem Erbe mehr Beachtung, denn dieses beinhaltet die göttlichen Kräfte der Seele. Wenden wir uns vom menschlichen Erbgut ab und nehmen wir das göttliche Erbe in Empfang. Schluss mit der Sklaverei.

2. Lehrgang:

Hypnotismus & Suggestion

I. Einleitung

Das Wort «Hypnotismus» stammt aus dem Griechischen «Hypnos», was Schlaf bedeutet. Hypnose bezeichnet den hypnotischen Zustand, in den ein Hypnotisierter verfällt. Hypnotismus ist die Kunst, diesen schlafähnlichen Zustand herbeizuführen.

Hypnose unterscheidet sich vom natürlichen Schlaf nur gering und ihre Kunst ist sehr alt. Die Hypnose wurde seit jeher mit unterschiedlichen Mitteln hervorgerufen, mit Suggestionen oder durch die Konzentration auf einen Gegenstand. Magische Spiegel, Kristallgläser und Pendel wurden dafür beispielsweise genutzt. Es gibt Menschen, die sich selbst einfach durch Willenskraft in Hypnose versetzen. Derwische finden in die Trance durch einen Tanz, Indianer teilweise auch. Manchmal wurden auch verschiedene Gifte eingesetzt, um diesen Zustand zu erreichen. Beim Orakel von Delphi wurden betäubende Mittel eingeatmet.

Sämtliche Mittel und Wege haben zum Ziel, das gewöhnliche Bewusstsein zeitweise in den Hintergrund zu drängen und das Unterbewusstsein an die Oberfläche aufsteigen zu lassen. Mit dem Verschwinden des Alltagsbewusstseins schwächen sich auch unsere Empfindungen für Sinneseindrücke, so dass wir empfänglicher sind für die Botschaften der Seele.

Hypnose und Suggestionen werden oft zusammengetan, was jedoch genau genommen nicht korrekt ist. Hypnose ist der tranceähnliche Zustand, während dem nicht zwingend Suggestionen gezielt gesetzt werden. Suggestionen wiederum können auch ohne Hypnose gegeben werden.

Wenn wir jemandem gegenüber eine Bemerkung machen und derjenige folgt ihr, so ist bereits eine Form von Suggestion geschehen. Suggestionen oder Hypnose sind überall da vorhanden, wo wir unseren Einfluss geltend machen. Jeder beeinflusst seine Umgebung mehr oder weniger, hypnotisiert sie sozusagen. Die Frage ist, ob wir stärker Beeinflusste oder Beeinflussende sein wollen. Tatsache ist, dass jene Menschen am erfolgreichsten in unserer Welt sind, welche ihren Einfluss am stärksten ausüben.

Somit ist es durchaus lohnenswert, sich mit der Kunst der Suggestionen auseinanderzusetzen und sie zu üben. Dies wiederum macht einen Menschen fähig, seine Umgebung bewusst zu beeinflussen und sich gegen schädliche Suggestionen zu schützen – ein weiterer Schritt weg von der Sklaverei hin zum Meister.

Überall geschieht Hypnose, zwischen Eltern und Kindern, Lehrern und Schülern, Pfarrer und Kirchgemeinde, im Militär, in unserer ganzen Gesellschaft. Wir müssen lernen zu unterscheiden, wann dies zu unserem Besten geschieht und wann nicht. Bremst uns eine Suggestion in unserer Entfaltung und Individualität, müssen wir uns ihr entziehen.

Seit Kindheit werden uns fremde Ideen eingetrichtert und das während einer Zeit, in der wir diese noch nicht in richtig und falsch unterscheiden können. Dies ist die beste Voraussetzung, um ein Mensch der Sorte «Nachahmer» zu werden. Werden Ideen und Suggestionen übernommen, so schwimmen wir grösstenteils mit dem Strom der Masse.

Der Mensch wird bereits in eine bestehende Gedankenatmosphäre hinein geboren und erhält dann vom Leben selbst Tritte und Stösse, um selbst denken zu lernen. Uns wird von frühester Jugend an eingetrichtert, nicht selbst nach der Wahrheit zu suchen. Schliesslich kennen politische

Organisationen, Schulen, Religionen und sonst noch viele Gruppierungen diese schon längst. Und die Masse folgt diesen verbreiteten Wahrheiten willig. Auch heute noch gelten Selbstdenkende oft als Aussenseiter, früher wurden sie als Ketzer verfolgt und sogar gekreuzigt.

Im Besitz der Wahrheit zu sein, bedeutet für den Menschen Glück und Seligkeit. Wer die Wahrheit ernsthaft sucht, findet sie auch. Sie befreit uns von den Verstrickungen der irdischen Gedankenatmosphäre, in welche jede Seele verknüpft wird, sobald sie diese Welt betritt. Nur die Macht unserer eigenen Gedanken befreit uns und führt uns zur Wahrheit.

Wem das Leben hier auf Erden und in unserer Gesellschaft möglichst gelingen will, muss die Kunst des eigenen Denkens und die geschickte Handhabung der eigenen Gedanken gegenüber den Mitmenschen lernen.

Durch die geschickte Suggestion berühren wir Verstand und Herzen unserer Mitmenschen – und damit stossen wir auch die Tür zum Erfolg auf. Ebenso befähigt uns dies, Krankheiten zu heilen und psychische «Dellen» auszumerzen.

Ende des 19. Jahrhunderts wurden in den USA diverse Versuche gemacht und dabei Kindern während dem Schlaf Suggestionen gesetzt. Mit beachtlichem Erfolg! Wird während des natürlichen Schlafes hypnotisiert, kann direkt auf das Unterbewusstsein eingewirkt werden. Im Wachzustand funktioniert dies nur indirekt über das Tagesbewusstsein.

Beim Suggerieren wird ebenfalls an die göttliche Kraft im Menschen appelliert. Anstatt den Willen eines Kranken zu lähmen, muss sein höherer Wille, die natürliche Funktion des Heilens, berührt und angeregt werden.

Klar, wird mit Hypnose und Suggestionen auch viel Unfug getrieben. Das wird aber in allen Lebensbereichen. All jene, welche die Geisteskräfte zum Besten für sich und ihre Umwelt nutzen, sind in gewissem Sinn weisse Magier. Und jene, welche damit ihrer Umwelt Schaden zufügen, sind Anhänger der schwarzen Magie. Vor Letzteren müssen wir uns schützen, indem wir unsere Geisteskräfte verstehen und einzusetzen lernen.

Wenn Sie wieder einmal nachts aufwachen, sprechen Sie doch zum Gottesfunken eines Menschen, der Hilfe brauchen könnte. Jeder Mensch kennt jemanden, der gerade Beistand nötig hat. Sagen Sie in Gedanken zu ihm: «Du bist gut und mächtig. Du kannst und wirst dieses Übel beseitigen. Als Ebenbild Gottes bist du vollkommen und auch dein Körper will vollkommen sein.»

Solche Aussagen gehören normalerweise nicht zu unserem Tagesbewusstsein. Sie werden aber das Unterbewusstsein des Angesprochenen erreichen, denn dieses schläft niemals und wird genau von solchen Suggestionen geleitet. Wenn wir selbst mehr Vollkommenheit in unserem Leben benötigen – und wer tut das nicht – können wir in gleicher Weise beispielsweise vor dem Schlafen oder kurz nach dem Aufwachen so mit uns sprechen. Gerade der letzte Gedanke vor dem Einschlafen und die ersten Gedanken morgens sind besonders einprägsam, da sie unser Unterbewusstsein noch leichter und fast noch ungestört vom Tagesbewusstsein erreichen. Was wir zu diesen beiden Zeitpunkten denken, beeinflusst stark den folgenden Tag.

Sprechen wir in dieser Weise zu einer anderen Person, so müssen wir daran denken, dass jede Seele frei von Raum und Zeit ist. Es ist also möglich, zu jeder Seele zu sprechen, auch wenn die entsprechende Person körperlich weit von uns entfernt ist oder wenn sie keinen physischen Körper mehr hat.

Die Kirche empfiehlt, zu den Heiligen zu beten, und beweist damit, dass auch sie an diese Möglichkeit der Gedankenkraft glaubt. Umgekehrt können wir genauso Botschaften erhalten, die aus dem Jenseits kommen. Voraussetzung dafür ist, dass wir gelernt haben, für sie empfänglich zu sein.

II. Die Macht der Seele

Wir Menschen tragen in uns einen Funken der grossen Lebensflamme, welche wir oft Gott nennen. Der Funke und die Lebensflamme sind miteinander verbunden und in ihrer Substanz gleich. Somit tragen wir Gott in uns und verfügen dadurch über eine ungeheure Macht. Dennoch stehen wir gegen aussen oft hilflos und schwach da. Unser Körper ist den Naturkräften ausgeliefert. Stirbt der Körper, bleibt der Geist unsterblich.

Klären wir mal, wie sich unser Verstand zum Geist verhält. Der Verstand ist nur ein Organ des Geistes. Antworten auf seelische Fragen sind nur aus dem Geist möglich. Ist der Verstand komplett ruhig und ordnet sich dem Geist unter, ist er fähig, diese Antworten zu verstehen.

Der Körper ist nur ein materielles Werkzeug, um mit der Aussenwelt in Kontakt zu kommen. Der wahre Mensch ist der Geist. Sein Körper ist nur ein zeitweiliger Ausdruck seines Geistes. Das Bewusstsein des Menschen hat sich in den Jahrtausenden der Evolution mit dem Geist als Triebkraft zu dem entwickelt, wie es heute ist. Eindrücke und Erfahrungen, welche der Mensch sammelte, bildeten ein eigenes Bewusstsein heran.

Durch das Beobachten in der materiellen Welt entwickelte sich der Verstand, der lernte, aus Gesehenem und Erlebtem Schlüsse zu ziehen. Der Mensch lernte durch Erfahrung ebenfalls die Gesetze der Natur kennen. Dies alles ermöglicht auch wieder Rückschlüsse auf das Gesetz von Ursache und Wirkung.

Der Geist ist eine Ursache und auch diese zieht eine Wirkung nach. Der Körper steht den Wirkungen näher, der Geist den Ursachen.

Der Schöpfer wollte aus seiner Gesamtheit Individuen bilden. Aus diesem Grund hat er das Wissen über die Einheit von allem Existierenden aus seinem wachsenden Bewusstsein weggelassen und wir Menschen erhielten stattdessen unsere Sinne und den Verstand als Werkzeuge. Beides sind jedoch Ablenkungen von unserer wahren Natur.

Der Geist ist allwissend, als sinnlicher Mensch muss er jedoch lernen. Die Sinne des Menschen beschränken sich auf die Erfahrungen im Aussen und die zeitweise Wahrnehmung der Intuition, die aus seinem Geist aufsteigt. Die Seele wiederum ist der Vermittler zwischen Körper und Geist. Sie beherbergt auch das Wissen, welches sich der Mensch angeeignet hat, obwohl das meiste davon unbewusstes Wissen ist. Im Grunde ist die Gesamtsumme dieses Wissens die menschliche Natur, wie sie sich entwickelt hat.

Die Seele hat ebenso die Aufgabe, den Körper in seinen bewussten und unbewussten Funktionen und Tätigkeiten zu überwachen. In den ersten Stadien der Bewusstseinsentwicklung identifiziert sich die Seele mit dem Körper und ist stark mit ihm verbunden. Dies macht den Menschen schwach und angreifbar. Er fühlt sich den Naturgewalten ausgeliefert und machtlos. Dies ist so lange der Fall, wie sich die Seele nicht mit ihrer Unsterblichkeit und mächtigen Seite identifiziert.

Um in diese Macht zu wechseln, muss die Seele aus dem sinnbeeinflussten Bewusstsein erwachen. Es ist wie ein Schalterumlegen oder ein Seitenwechsel. Die Seele identifiziert sich nicht mehr mit dem Sterblichen, sondern mit dem Göttlichen und Unsterblichen. Diese Umkehr zu unserem wahren göttlichen Wesen war und ist in erster Linie das Ziel aller Mystiker, Schamanen und Okkultisten. Es ist nicht möglich, im exakt gleichen Moment in beiden Bewusstsein zu leben, in jenem der Sinneseindrücke und im geistigen. Die Seele hat das Recht zu wählen. Sie kann ihre Aufmerksamkeit hin und her schwenken, ist sie im einen Bewusstsein, vernachlässigt sie das andere.

Um im höheren, geistigen Bewusstsein zu sein, muss sich die Seele zeitweise von den Sinneseindrücken abwenden und sich vor ihnen schützen. Diese Verlagerung der Aufmerksamkeit geschieht durch

Gedankenkonzentration. Konzentrieren wir uns auf einen Gedanken, so beherrschen wir die unfreiwilligen Gedankenströme, welche im normalen Tagesbewusstsein zuverlässig verhindern, den Geist bewusst zu berühren. Die Gedankenkonzentration hilft, unempfindlich für Sinneseindrücke zu werden und die Aufmerksamkeit zu bündeln. Die Konzentration auf einen bestimmten Gegenstand oder auch Betäubungsmittel verfolgen stets das Ziel, die Sinneseindrücke von aussen zu dämpfen, das sinnliche Bewusstsein einzuschläfern.

In der Hypnose löst sich die Seele genauso von den Sinneseindrücken. Dies bewerkstelligt sie jedoch aus eigener Kraft. Der Hypnotiseur gibt nur die Richtung an. Somit hypnotisiert sich das Wesen im Grunde selbst.

Die Seele ist die Herrscherin. Solange sie aber nicht an ihre Macht über die äusseren Zustände glaubt, kann sie auch nicht ihre Kräfte einsetzen. Für alle ihre Tätigkeiten braucht die Seele einen Antrieb, sozusagen einen Wegweiser, beispielsweise in Form einer Suggestion. Wir Menschen können also die Seelenmacht durch geeignete Suggestionen wecken. Oft ist dafür aber erst der Glaube an diesen Mechanismus und an diese Macht notwendig. Denn der Glaube ist eine beständige Suggestion für die Seele. Was wir also glauben, beeinflusst unsere Seelenmacht dauernd.

Die erwachte Seele ist praktisch allmächtig. Sie beeinflusst ihren Körper bewusst oder sendet Suggestionen meilenweit. Sie ist fähig zu Wundern, sieht und hört nach Belieben, wofür sie sich öffnet. Sie ist fähig, Gedanken zu lesen und Ursachen zu ergründen.

Hypnotismus trägt dazu bei, die Grösse und Macht der Seele zu zeigen. Aus diesem Grund ist das Thema auch Bestandteil dieser Lehrgänge.

III. Wiederholung

Die Suggestion ist für die Entwicklung des Menschen schon seit jeher ein sehr wichtiger Faktor. Auch in der Arbeit eines Hypnotiseurs ist sie entscheidend. Deshalb wiederholen wir hier kurz die wichtigsten Erkenntnisse.

- Die Seele ist eins mit der universellen Seele und hat Zugang zu all ihrer Weisheit und Macht.
- Um eine eigenständige Persönlichkeit zu werden, musste die Seele dies vergessen und schuf sich ihren Körper, welcher sie von allen anderen Seelen absondert. Dank ihrem Körper kommuniziert die Seele als Mensch mit der Materie, dieser legt ihr aber auch Beschränkungen und Fesseln auf.
- Sobald sich die Seele eine materielle Form gibt, erlöscht ihr Bewusstsein von ihrer früheren, geistigen Existenz. Sie identifiziert sich mit dem Körper und seiner Aussenwelt. Ihr wahres geistiges Selbst hat sie vergessen.
- Die Schwingungen der Materie sind vergleichsweise zu den geistigen grob und langsam. Das Bewusstsein der Sinneseindrücke, unser alltägliches Bewusstsein

also, ist klein und beschränkt.

- Um von ihrem geistigen Erbe wieder Besitz zu nehmen, muss die Seele aus dem «materiellen Tod» erwachen. Alles, was von Gott ausströmte, kehrt eines Tages wieder zu ihm zurück.
- Die Seele besitzt die Fähigkeit, ihre Aufmerksamkeit auf die verschiedenen Bewusstseinsebenen zu lenken und damit vom Unterbewusstsein ins Alltagsbewusstsein sowie in das Urbewusstein zu wechseln.
- Diese Einheit mit Gott, nicht nur der Glaube daran, sondern auch das Gefühl dafür, kann Urbewusstsein oder Überbewusstsein genannt werden.
- Das Unterbewusstsein ist jener Zustand, in dem individuelle Erfahrungen und Prägungen gespeichert sowie die automatischen körperlichen Funktionen gesteuert werden und die Instinkte walten. Selten finden wir im Alltagsbewusstsein Zugang zu vorgeburtlichen Erinnerungen. Dennoch ist es möglich, die beiden Bewusstseinszustände zu verbinden und dieses unbewusste Wissen aufsteigen zu lassen.
- Die Seele ist wie ein riesiges Gefäss für den Geist, das Leben, die Weisheit und Macht. Der Geist ist die Tür, durch welche genau diese seelischen Eigenschaften sich

äussern können. Der Glaube wirkt dabei wie ein Magnet, welcher die Befriedigung von Bedürfnissen anzieht. Zweifel der Seele verhindern die Erfüllung dieser Bedürfnisse. Dieser Glaube ist der lebendige, bewusste Glaube, welcher Körper und Seele umfasst. Würde der Mensch genug glauben, wäre er selbst zu biblischen Wundern fähig.

- Mit Hilfe von Suggestionen finden wir in unsere seelische Macht und in den Glauben. Die Suggestionen müssen hierfür jedoch frei von Lüge und in ihrem Wesen wahr sein.

IV. Praxis

Der Mensch sollte dazu fähig sein, sich stets selbst zu beherrschen. Diese Selbstmacht wird jedoch durch die Aufmerksamkeit auf Sinneseindrücke sowie beeinflussende Mitmenschen geschwächt. Diese Schwächung von aussen der objektiven Geisteskräfte und des Seelenwillens geschieht oft systematisch und gleicht einem seelischen Selbstmord.

Suggestionen sollten bei Kranken immer nur mit seiner Einwilligung geschehen. Für ihre Wirksamkeit ist eine Hypnose meistens gar nicht nötig. Der Glaube des Kranken an die Wirkung der Suggestionen ist jedoch hilfreich, zumindest darf er sich nicht komplett ungläubig dagegenstellen.

Übung:
Der Patient setzt sich hin und hört sich ruhig die Suggestionen an, mit denen die Weisheit und natürliche Heilkraft seines Gottesfunken angesprochen werden. Er kann sich dabei auch vorstellen, wie der Suggerierende zu einer zweiten Persönlichkeit in seinem Innern spricht. Damit fällt es ihm oft leichter, die Suggestionen entgegenzunehmen. Der Patient soll in seinen Gedanken alle Worte nachsprechen.

Die Suggestionen sind den Bedürfnissen des Patienten anzupassen. Idealerweise regen sie die Vorstellungskraft des Patienten an.

Beiden, dem Patienten sowie Therapeuten, muss bewusst sein, dass während der Behandlung nicht der Wille des Suggerierenden dem Patienten aufgedrückt wird, sondern der Wille des Patienten selbst angesprochen und angeregt wird.

Von aussen etwas aufzudrücken, schwächt die Selbstmacht des Patienten. Sprechen wir die Geisteskraft des Patienten an, stärken wir ihn. Der Patient setzt sich somit sozusagen die Suggestionen selbst und der Therapeut gibt ihm nur die Richtung dafür an.

Ein wahrer Meister wird niemals versuchen, seine Schüler zu beherrschen. Er wird im Gegenteil stets darum bemüht sein, deren Selbstbeherrschung zu fördern. Somit wird beim Suggestionen setzen nichts weiter als die Selbstheilung beim Kranken angesprochen. Therapeuten, die vordergründig an der Honorarrechnung interessiert sind, werden somit in umgekehrter Weise arbeiten und kaum die Selbstmacht ihrer Schützlinge fördern. Jene, denen es jedoch um das tatsächliche Wohlbefinden des Patienten geht, werden ihn in die Richtung der Selbsthilfe führen und diese anregen.

Medizin, Suggestionen und alle weiteren Methoden heilen also niemals, sondern sind die Kräfte, welche die Selbstheilung anregen. Die Seele selbst heilt.

Manchmal ist es vorteilhaft, den Patienten vorerst im Glauben zu belassen, der Therapeut übe Heilkraft auf ihn aus. Bei starken Süchten ist dies beispielsweise von Vorteil. Oft fällt es leichter, an die Macht eines Therapeuten zu glauben als an die eigene.

Nach und nach sollte dem Patienten jedoch bewusst gemacht werden, dass es seine eigene Urkraft im Innern ist, die den Wandel und die Heilung herbeiführt.

Beispiele für Suggestionen:

- «Wille, Gedanke und Wunsch sind Kräfte, welche die Seele anregen, ihre eigenen Kräfte anzuwenden.»
- «Der Körper ist das materielle Organ der Seele. Es ist ihr Recht und ihre Pflicht, den Körper zum Besten des Menschen zu beherrschen.»
- «Mein Wille ist ein Teil des Universalwillens und mein Geist ist ein Teil des Urgeistes. So wie der Urgeist über das Weltall regiert, so herrscht mein Geist über mein eigenes Reich, über meinen Körper. Genauso, wie alles dem Universalwillen folgt, gehorcht

nun mein Körper (oder Denken) auch meinem Willen.»
- «Ich bin der Herrscher über Körper und Seele und nehme diese Herrschaft jetzt an.»

Die Suggestionen stärken den Patienten mit jeder Wiederholung, so dass er bald fähig sein wird, sich selbst zu beherrschen. Dazu ist es nötig, dass der Patient dem Therapeuten nicht einfach zuhört, sondern sich die Suggestionen selbst einprägt durch eigenständiges Wiederholen. Dies kann in Gedanken oder in gesprochenen Worten geschehen. Die Suggestionen müssen im Alltag fortgeführt werden.

Folgende Vorstellung verstärkt die Wirksamkeit der Suggestionen zusätzlich.

Übung:
Konzentrieren Sie sich auf den Solarplexus. Das ist ein energetisches Zentrum (Chakra) über unserem Magen. Der Solarplexus verbindet Körper und Seele. Stellen Sie sich vor, wie universelle Kraft durch dieses Zentrum in Sie fliesst. Wenn Sie Suggestionen zu körperlichen Heilungszwecken einsetzen, so stellen Sie sich vor, wie diese Kraft dann von dort aus in den entsprechenden Körperteil fliesst. Diese Gedankenkraft regt die Tätigkeit der Nerven an. Stellen Sie sich vor, wie diese Lebenskraft den betreffenden Körperteil kräftigt und nährt, damit das Übel auf diese Weise überwunden werden kann.

Wille, Erwartung und Vorstellungskraft sind für das Gelingen wichtige Schlüssel.

Handelt es sich nicht um ein körperliches Übel, sondern um ein psychisches, so stellen Sie sich vor, dass durch Ihren Solarplexus genau jene Kraft und Stärke fliesst, die Sie benötigen, um die psychische Schwäche zu überwinden. Stellen Sie sich vor, wie die Gotteskraft oder der Universalwille in Sie hinein fliesst und Ihr Wesen erfüllt.

Wenn Sie so Ihre Heilungskräfte stärken, ist es wichtig, im Alltag auch danach zu handeln. Ansonsten verhalten Sie sich wie ein Millionär, der sein Geld tot auf dem Bankkonto liegen lässt und in Armut lebt.

Durchhaltewillen ist ebenso nötig, um die gewünschten Erfolg zu erzielen. Wer schon nach wenig Zeit nachlässt und ins Tagesbewusstsein zurückfällt, ist es nicht wert, die Geistesmacht zu erhalten und wird sie auch nicht bekommen. Nur die stetige Übung und wiederholte Gedankenkonzentration führt zum Ziel. Gott schenkte dem Menschen mit dem göttlichen Funken eine wunderbare Kraft, welche dieser zu seinem Besten und zum Besten der Mitmenschen brauchen soll.

3. Lehrgang:

Psychometrie

I. Empfindungen

Beide Kräfte, die der Natur und des Menschen, sind im Grunde nur verschiedene Äusserungen der gleichen Kraft – der Universalkraft Gottes. Sämtliche Kraft des Universums stammt von ihm und jedes Wesen wird davon so viel zum Ausdruck bringen können, wie es gelernt hat anzuziehen.

Die Gesamtsumme der Kraft ist immer gleich. Der Mensch kann aber schlummernde Kräfte aktivieren oder welche aktiv umnutzen und zu seinem Zweck einsetzen. Seine Macht wächst in gleichem Masse, wie er lernt, Kräfte zu entwickeln und zu nutzen. Er ist ein Meister, wenn er die Kräfte zu brauchen versteht. Lässt er sie nur auf sich einwirken, so ist er ein Werkzeug in den Händen anderer.

In seinem Wesen vereint der Mensch alle Abstufungen der Materie, von der grob schwingenden bis zur feinsten. Erstaunlich ist doch, dass der Mensch bereits im Altertum als Mikrokosmos oder kleines Ebenbild des ganzen Universums bezeichnet wurde. Mehrfach wurde er abgebildet mit dem Kopf in der Luft (Äther) und die Füsse auf dem Boden als Verbindung zwischen Himmel und Erde, in Berührung mit Gott und der Materie. Schwingungen wirken als Vibration auf den Menschen ein, die er in seinem Gefühlszentrum (Bewusstsein) als Empfindungen wahrnehmen kann. Warum aber nimmt der Mensch nicht alle Einflüsse wahr, die auf ihn einwirken?

Es liegt an seiner Aufmerksamkeit. Wir alle kennen das Gefühl, total in etwas versunken zu sein, in Arbeit, ein Hobby oder sonst etwas, das uns zu fesseln vermag. In diesen Momenten sind unsere Sinne genau gleich fähig, Eindrücke aufzunehmen. Wir tun es trotzdem nicht und unsere Aufmerksamkeit bleibt wie abgeschirmt von allem anderen.

Wir nehmen also nur auf, worauf unsere Aufmerksamkeit gerichtet ist.

Sobald wir in diese Welt geboren werden, lernen wir sehr bald, den hier vorherrschenden Schwingungen Aufmerksamkeit zu schenken. So werden unsere äusseren und physischen Sinne entwickelt. Was diese erfassen, ist jedoch nur ein kleiner

Bruchteil von allen existierenden Schwingungen. Mit seiner Entwicklung lernt der Mensch, den höheren Schwingungen seine Aufmerksamkeit zu schenken.

Der Gottesfunke wanderte durch die verschiedenen Sphären des göttlichen Lichtes, des Äthers und des Geistes bis hinab in die tiefste, schwerste Materie. Seine Aufgabe ist es jedoch, wieder ins höchste Bewusstsein zurückzukehren. Der Gottesfunke, der Urgeist, schläft in der Pflanze, träumt im Tier und entwickelt dort sein Unterbewusstsein – und im Menschen beginnt er zu erwachen. Hier entwickelt er ein sinnliches Bewusstsein und kommt mit höheren, feineren Schwingungen in Berührung.

Der Gottesfunke verliess seinen Mittelpunkt, sein Bewusstsein in Gott und stieg in die äusserste Finsternis und Schwere hinab – in die äussere, materielle Welt. Hier wird er erst gereizt und gezwungen, den äusseren Sinneseindrücken Aufmerksamkeit zu schenken, bald geschieht dies freiwillig und wir verlieren immer mehr die Gabe, die feineren Schwingungen bewusst wahrzunehmen.

Ein Tier lernt aus seinem Selbsterhaltungstrieb heraus, auf die Einflüsse und Schwingungen seiner Aussenwelt zu achten. Es muss lernen, Gefahren zu erkennen sowie schädliche von geeigneter Nahrung zu unterscheiden. Somit ist bei ihm schon gegeben, dass es auf die Einflüsse reagiert, welche auf seinen Körper einwirken. Dadurch entwickelt das Tier seine Sinnesorgane. Bekannt ist, dass Haustiere ihre Sinnesorgane weniger scharf entwickelt haben als Wildtiere. Dies hat mit der schützenden Umgebung zu tun. Das Haustier braucht zum Überleben weit weniger Sinnesfähigkeiten. Die Wildtiere müssen für ihr Überleben ihre Aufmerksamkeit in viele Richtungen aufteilen.

Diese Tatsache bei den Tieren wirft eine weitere spannende Erkenntnis auf: Warum befindet sich der Mensch mehr oder weniger im Kampf mit dem Schicksal? Warum erlebt er oft viele Gefahren und Leiden im Leben? Dies alles geschieht alleine deswegen, damit die Seele ihre schlummernden Fähigkeiten und Kräfte aufweckt und entfaltet.

Die Natur gab dem Menschen als erste Aufgabe einen Körper, damit die Aussenwelt auf ihn einwirken kann. Als zweite Aufgabe sorgte die Natur dafür, dass sich der Verstand des Menschen entwickelt und er auch höhere geistige Ebenen erreichen kann.

Der Kampf früher ums Überleben und heute mit gesellschaftlichen Abartigkeiten zwingt den Menschen zum Denken. So ist der Mensch ständig gezwungen, zu denken, neue Wege zu gehen und neuartig zu reagieren.

Jedoch nicht nur äussere Eindrücke zwingen den Menschen, sich zu entwickeln. Die Natur leitet ihn auch durch seinen Hang zu Süchten, lockt ihn mit Gutem und Schönem, mit sinnlichen Befriedigungen und dem Ideal. Göttliches lockt den Menschen, sein Bewusstsein immer höher zu entwickeln und sich dafür anzustrengen. Durch jede Anstrengung entwickelt er seine schlummernden Fähigkeiten weiter.

Wie klug die Natur doch ist. Ihre Wegweiser sind einerseits drohend und andererseits voller Liebe. Hilft an einer Stelle nicht die Liebe, so bewegt der Schmerz zur Weiterentwicklung. Beides, Liebe und Schmerz, sind also notwendig, um den Menschen auf dem Weg der Vervollkommnung zu halten. Ohne Schmerz würden wir auch Freude nicht erkennen – und umgekehrt.

Worauf wir unsere Aufmerksamkeit am meisten richten, bestimmt die Richtung, in welche wir uns bewegen. Und je öfter wir unsere Aufmerksamkeit ausrichten, desto mehr erwecken wir die in uns schlummernden Möglichkeiten in dieser Richtung.

Wo finden wir also, wonach wir wirklich suchen?
In uns selbst.

Das Aussen schickt uns nur Anregungen und Inspirationen. Das aber, was Musiker, Dichter oder Wissenschaftler wirklich suchen und schlussendlich der Welt geben, sind zum grössten Teil Äusserungen aus seinem eigenen Inneren.

Indem wir uns äussern in Worten oder in der Schrift, geben wir unsere Gedanken nicht weiter, sondern behalten sie und wecken in unserem Gegenüber den gleichen Gedanken. Mit solchen Äusserungen regen wir also schlussendlich nur an, was bereits in unserem Gegenüber schlummerte. In dem Masse, wie es uns gelingt, die Aufmerksamkeit unserer Mitmenschen zu fesseln, wecken wir die Idee aus unserem Innern im anderen.

Bilderbücher für Kinder verfolgen genau diese Idee. Sie nähren die Ausdruckskraft im Kind selbst. Genauso nützlich ist das Vorlesen. So wie im Kleinen funktioniert es auch in der grossen universellen Ordnung. Die Natur zeigt uns durch Dinge und Wesen im äusseren Ausdruck, was in uns selbst entdeckt werden soll.

Realisiert dies der Mensch und erfasst er durch Äusseres immer besser sein Inneres, reift er für eine immer höhere Schulung heran. So schreiten wir voran durch das Leben und das Schicksal zeigt uns auf einer immer höheren Stufe, was wir in uns selbst entdecken sollen.

Sobald wir dies entdeckt und zugelassen haben, sind diese äusseren Eindrücke nicht mehr nötig. Sie verschwinden und neue werden an uns herangetragen. Wir haben sozusagen die Klasse gewechselt.

Der Tod ist nichts anderes, als ein solcher Klassenwechsel. Die äusseren Eindrücke sind veraltet und der Mensch kann zu diesem Zeitpunkt in ein höheres Bewusstsein wechseln. Wer der Stimme der Liebe nicht folgen mag, erlebt Schmerz.

Die Natur achtet in der Entwicklung stets auf ihr Motto: «Vorwärts und aufwärts!»

Somit wäre ein ideales Bildungssystem auch ein solches, welches die schlummernden Ideen und Fähigkeiten im Schüler weckt. Und nicht jenes, das ihn einfach zwingt, Lernstoff in sich hineinzustopfen.

II. Passives Verhalten

In der Stille vernehmen wir die sanfte Stimme aus unserem Inneren. In der Ruhe liegt also eine konzentrierte Kraft. Sämtliche Inspiration fliesst aus der Stille. Werden Körper und Sinne still, wird der Geist tätig und versetzt sich in das Hören, Fühlen und Sehen in der psychischen und geistigen Ebene.

Will ein Anfänger einen solchen empfangenden Zustand erreichen, so muss er erst seinen Körper zur Ruhe bringen. Erstaunlicherweise ist es recht schwierig, körperlich in vollkommener Ruhe zu verharren. Üben Sie zuerst die körperliche Ruhe. Erst in einem zweiten Schritt sollte die geistige Ruhe gleichzeitig versucht werden.

Übung:
Legen oder setzen Sie sich in bequemer Stellung nieder, entspannen Sie Ihre Muskeln. Unter «Ruhe» ist eine vollkommene Ungezwungenheit und Entspannung zu verstehen. Parsifal Braun empfahl die sitzende Stellung, die Knie in einem rechten Winkel, die Füsse auf dem Boden, die Hände auf den Knien oder Oberschenkeln, gerade Haltung des Kopfes.
In einer solchen Stellung begeben Sie sich in die Ruhe und Entspannung. Atmen Sie mehrmals tief ein und lassen Sie alles Wollen los.

Idealerweise üben Sie die Ruhe auf diese Weise täglich 15 oder 20 Minuten. Ihre gewählte Körperhaltung und Vorgehensweise werden sich Ihnen einprägen und Sie können zukünftig genauso leichter in die Passivität und Konzentration wechseln und beides für die gewünschte Zeitspanne beibehalten.

Wollen wir nun unsere psychometrischen Fähigkeiten entwickeln, das Hellsehen, Hellfühlen oder Hellhören, so wirken hauptsächlich zwei Faktoren dagegen. Bei diesen Arten der Wahrnehmung öffnen wir uns für höhere, feinere und innere Schwingungen. Ihnen wenden wir ihre Aufmerksamkeit zu. Für das Gelingen der Wahrnehmung ist als erster Faktor unsere Bereitwilligkeit ausschlaggebend, diese zuzulassen. Wie bereit sind wir, diesen hellfühlenden, hellsehenden, hellhörenden Eindrücken entgegenzukommen? Der zweite hinderliche Faktor sind unsere umherschweifenden Gedanken, die unsere Aufmerksamkeit immer wieder von Neuem an sich zu fesseln versuchen und uns ablenken. Wir sind es uns schlicht gewohnt, unsere Aufmerksamkeit den schwerfälligen Schwingungen zu schenken. Somit ist unsere Aufmerksamkeit darauf trainiert, sich auf die gröberen Schwingungen zu richten und tut dies meistens automatisiert. Unser Geist ist gegenüber den grobstofflichen Schwingungen offen, sensitiv und zugänglich. Somit kann ein Laut, ein wechselnder Lichteinfall oder eine Bewegung bereits unsere Aufmerksamkeit anziehen.

Deshalb fällt es uns Menschen oft schwer, sich auf die feineren, zarteren, inneren Schwingungen zu konzentrieren. Unser Empfindungsvermögen ist schlicht noch nicht auf sie trainiert. Der Mensch enthält als Mikrokosmos alle Elemente des Makrokosmos. Sein lebendes Wesen ist eins mit dem Wesen von allem. Durch diese Einheit ist der Mensch fähig, das geistige Universum zu fühlen und wahrzunehmen sowie das tiefere Wesen Gottes ansatzweise zu verstehen. Dafür muss der Mensch jedoch seine Aufmerksamkeit auf das höher Schwingende ausrichten und sich zeitweilig für die gröberen Schwingungen unzugänglich machen.

Wenden wir uns also unserem Inneren zu und verschliessen wir uns zeitweilig gegenüber den äusseren Eindrücken. Erwarten wir unsere Offenheit gegenüber den höheren Schwingungen, ohne uns davon erwartungsvoll eine Vorstellung zu machen, wie diese aussehen, klingen oder sich anfühlen sollten. Erwartungen an die Art der Wahrnehmung verhindern diese oft zuverlässig.

Das Empfangen von Inspiration, Intuition und gar Erleuchtung geschieht plötzlich, wenn alles um uns Friede und Stille ist. Medien nehmen das Geistige nur dann wahr, wenn ihre Konzentration völlig nach Innen gerichtet ist, auf die Wahrnehmung der höheren Schwingungen.

Ein Mensch, der vorzugsweise den Sinneseindrücken frönt, lebt in der äusseren Finsternis. In seinem Leben sind Schmerz und Zähneknirschen vorhanden, er ist der Sklave seiner Sinneseindrücke, die auf ihn einströmen. Erst wenn er seine Aufmerksamkeit auf den Gottesfunken richtet, kann er ins göttliche Paradies eintreten und Herrlichkeit erleben.

Die ständigen Gedanken sind eine Schwierigkeit, die es zu überwinden gilt. Sie gleichen einem ständigen Wellengang in uns, der für Unruhe und Ablenkung sorgt. Die Gedanken verdunkeln oder trüben sozusagen die Sicht in die Tiefe unserer Seele. Wir müssen also unbedingt lernen, unsere Gedanken zur Ruhe zu bringen, damit wir Geistiges klar sehen, fühlen oder hören können. Dies kann nur durch Konzentration geschehen. Bündeln wir unsere Gedanken mittels Konzentration auf einen Brennpunkt, erzwingen wir dadurch die Ruhe bei allen anderen Gedanken. Es ist fast so, als würden wir sämtliche Gedanken in einer einzigen Welle zusammenbündeln.

Diese Konzentration, welche die Voraussetzung für die Wahrnehmung der höheren Schwingungen ist, muss wirklich über Wochen geübt werden. Es gibt keinen anderen Weg. Die Frage ist nur, wie viele Menschen sind tatsächlich bereit, diese Übungen tatsächlich regelmässig durchzuführen?

Stirbt der Mensch, zieht er sich gänzlich aus der materiellen Welt zurück und es wird ihm möglich, seine Aufmerksamkeit ungeteilt den höheren Schwingungen der geistigen Welt zuzuwenden.

III. Die Praxis

Bei diesem Teil des Buches angelangt, ist es von Vorteil, wenn Sie sich bereits mindestens zwei Wochen in der Gedankenkonzentration und der Ruhe geübt haben. Bitte üben Sie auch weiter, denn das stetige Training entwickelt weiterhin den Geist und Willen und beschert dadurch Erfolg. Zum jetzigen Zeitpunkt ist es wichtig, dass Sie gelernt haben, Ihre Aufmerksamkeit zu lenken, sich den Eindrücken aus beiden Welten zu öffnen und zu verschliessen. Verschliessen wir uns den Einflüssen auch aus der geistigen Welt nicht wieder, so sind wir vielem Unerwünschten und Unangenehmen ausgesetzt.

Ob Sie für das Weitere bereit sind, erkennen Sie daran, wenn Sie sich im Alltag beim Auftreten von schädlichen Gedanken von ihnen abwenden und nützlichen Gedanken zuwenden können. Indem Sie die Aufmerksamkeit immer öfters auf die höheren Schwingungen lenken, werden Sie automatisch empfänglicher für das, was in anderen Menschen und in Ihrer Umgebung vor sich geht. Sie spüren Gemütsbewegungen und fremde Energien. Um friedlich weiterleben zu können, müssen Sie es nun beherrschen, sich solchen Einflüssen zu verschliessen. Sobald Ihnen dieser Konzentrationswandel gelingt, können Sie sich den Einflüssen willentlich öffnen und schliessen. Von nun an können Sie sich in Menschenmengen mischen und in fremde Häuser begeben, wie Sie wollen. Sie können sich nun jederzeit unwillkommenen Einflüssen entziehen.

Es gilt als eiserne Regel, den passiven Zustand des Empfangens nicht zu kultivieren, sofern nicht gleichzeitig die Gedankenkonzentration gleichermassen geübt wird. Viele Medien sprechen davon, dass sie gelernt hätten, die Wahrnehmungen ein- und auszuschalten. Genau dies ist damit gemeint. Diese Menschen wissen genau, wie sie sich öffnen und verschliessen können.

Idealerweise ist die Konzentration nachmittags und abends zu üben, die passive Haltung am frühen Morgen oder späteren Abend. Gerade nach dem Erwachen ist der Geist noch nicht vom Alltag abgelenkt und befindet sich meistens in einem ruhigen Zustand. Diese positive oder negative Haltung zu verschiedenen Tageszeiten ist ungefähr über einen Monat zu üben, bis sie gekonnt zu jeder Tageszeit gelingen.

Jetzt können Sie sich auf Gegenstände oder Wesen konzentrieren, über die Sie mehr erfahren möchten. Konzentrieren Sie sich mindestens fünf Minuten darauf. Dann lassen Sie die Konzentration los und wechseln in die grösstmögliche Leere und Passivität.

Sagen Sie sich nun in Gedanken: «Ich bin jetzt bereit, die Auskunft zu empfangen, die ich benötige. Danke, dass ich jetzt empfange.»

Dieser Vorgang gleicht jenem, wenn wir in unserem Leben jemandem eine Frage stellen und dann auf die Antwort warten. Während dem Fragen sind Sie aktiv, beim Hören der Antwort sind Sie passiv.

Wechseln Sie zu Beginn jeweils im Fünfminutentakt vom aktiven Zustand in den passiven und umgekehrt, etwa über 30 Minuten. Sobald Sie darin geübt sind, etwa nach einem Monat, können Sie die Zeitfenster des passiven und aktiven Zustandes flexibler gestalten. Dehnen Sie das Passive oder Aktive je nach Gutdünken aus oder wechseln Sie sehr zügig von einem in den anderen Zustand. Manche Menschen sind für psychische Eindrücke empfänglicher als für die geistigen. Menschen, die sich mit dem Gedankenlesen befassen, erfassen die psychischen Schwingungen oft auch vor den mentalen, inneren oder geistigen. Wer für diese psychischen Eindrücke sehr empfänglich ist, sollte diese analysieren, sobald er sie wahrnimmt. Dies tun Sie, in dem Sie bei diesem Eindruck verweilen.

Diese Art von Schwingung bildet ein gutes Training, da sie leichter wahrnehmbar ist als die höheren geistigen und übersinnlichen Eindrücke.

Übung:
In den ersten psychometrischen Sitzungen arbeiten Sie am besten mit einem Freund zusammen. Packen Sie verschiedene Stoffe beispielsweise in Alufolie, dies könnten Zucker, Salz, Pfeffer, Zimt etc. sein. Gehen Sie nun in die Stille und wenden Sie sich einem dieser Päckchen zu. Schliessen Sie die Augen und verhalten Sie sich so ruhig, wie nur irgend möglich. Achten Sie auf Empfindungen, die Sie nun wahrnehmen. Lassen Sie sich Zeit, bis Sie in Ihrem Innern einen entschiedenen Eindruck empfinden. Erhalten Sie nach fünf Minuten keinen solchen sicheren Eindruck, versuchen Sie es mit einem anderen Päckchen.

Selbstverständlich können Sie diese Übung auch alleine durchführen. Seien Sie jedoch streng zu sich selbst und geraten Sie nicht in Versuchung, den Inhalt des Päckchens anhand ihrer normalen Sinneseindrücke wie durch das Riechen oder Fühlen zu erkennen. Widmen Sie sich dieser Übung täglich möglichst eine halbe Stunde oder mehr.

Gelingt Ihnen die Wahrnehmung der Päckcheninhalte, können Sie einen Schritt weiter gehen. Fragen Sie im Bekanntenkreis nach verschiedenen Gegenständen, die eine Geschichte mit sich tragen. Wickeln Sie diese Gegenstände ebenfalls wieder in Papier oder Folie, so dass Sie deren Beschaffenheit nicht erfühlen. Nehmen Sie nun wieder eines der

Päckchen in die Hand und nehmen Sie mit dem Inhalt Kontakt auf. Wenn Sie nun plötzlich an einen Krieg denken, Visionen von Blut, Feuer und Rauch auftauchen, halten Sie ein Erinnerungsstück eines gefallenen Soldaten in den Händen. Ein Vulkanstein kann die Vision von Glut und Hitze, eventuell ein Gefühl für eine Region auslösen. Solche Wahrnehmungen sind möglich. Teilen Sie mit oder schreiben Sie auf, was Sie an Informationen empfangen. Wenn Sie bereits einige Eindrücke über einen Gegenstand empfangen haben, geben Sie trotzdem noch nicht auf. Oft folgen weitere Informationen, die Sie nur empfangen können, wenn Sie offen bleiben.

Lassen Sie sich auch nicht von Fehlschlägen entmutigen. Manchmal beziehen sich die Informationen eventuell auf Ereignisse, welche dem Besitzer unbekannt sind.

Handgeschriebene Briefe sind ebenfalls hervorragende Übungsgegenstände. Nehmen Sie den Brief aus dem Umschlag, halten Sie ihn in den Händen oder führen Sie ihn an die Stirn. Anhand des Briefes sind Charakter und Verhältnisse des Schreibenden erkennbar – vor allem dann, wenn dieser ihn in grosser Aufregung und Gemütsbewegung geschrieben hat.

Es ist nicht leicht, das Empfangene richtig in Worte zu fassen und zu deuten. Dies erfordert ebenfalls beharrliche Übung. Sind die Resultate auch nicht nennenswert, geben Sie dennoch nicht auf. Investieren Sie mindestens drei Monate in die Praxis der Psychometrie, ehe Sie überhaupt daran denken, aufzugeben.

Andererseits dürfen Sie sich auch nicht zu viel auf einen schnellen Erfolg einbilden und denken, Sie seien bereits Meister. Stetiges Weiterüben ist notwendig. Es ist ausgeschlossen, dass ein Mensch absolut alles lernen kann, was in der Psychometrie möglich ist. Legitim ist, wenn Sie einen Zweig der Psychometrie verfolgen, der Ihnen leicht fällt. Wenn Sie sich beispielsweise auf Charakterkunde, Gefühlsregungen, geologische Stoffe oder Krankheiten spezialisieren möchten, tun Sie das.

Sicher ist, die investierte Zeit und Mühe sind es wert.

IV. Abschluss

Wir haben den theoretischen und praktischen Teil der Psychometrie angeschaut. Das Wort «Psychometrie» bedeutet übrigens «Seelenmesskunst», also Schwingungen zu erkennen und zu fühlen, welche auf der psychischen oder seelischen Ebene vorhanden sind. Selbst wenn wir aber anhand der Psychometrie alles, was auf dieser Welt ist, wahrgenommen hätten, wäre dies nur ein Tropfen im grossen Ozean der Weisheit gewesen.

Jedes Selbst hat das Privileg, so lange auf einer Ebene der geistigen Reise zu verweilen, wie es ihm gefällt. Die Zeit kommt, in der es dieser Ebene entwachsen ist. Viele sind bereits hier angelangt und spüren den Trieb in sich nach Höherem.

So wird es Menschen geben, welche diese Übungen eine Weile machen und dann sein lassen. Manche bleiben intensiver dabei und ihnen genügen irgendwann der Level und die Fähigkeiten, die sie errungen haben. Wenige hingegen streben weiter. Die Beharrlichen können ihrem Erfolg sicher sein und werden mit der Zeit zu guten Psychometristen. Oft bedingt dieses Weiterstreben jedoch, Altes zurückzulassen. Manchmal ist es sogar nötig, mit der eigenen Blutsverwandtschaft zu brechen. Es ist bekannt, dass unter Blutsverwandten selten Geistesverwandtschaft besteht.

Wer weiter geht, braucht den Wunsch, das tiefe Verlangen danach, die Passivität und den Glauben an das Ziel. Ist das Verlangen danach, die Wahrheit und das Wissen zu erkennen, sehr intensiv, brauchen wir nur unsere Gedanken darauf zu richten.

Alles, was wir wünschen – auch die Wahrheit – ist allgegenwärtig und erreichbar. Wir entdecken es nur, erschaffen es nicht.

Es gibt einige Medien, die sich hervorragend eignen, «normale Psychometrie» auszuüben, also gewöhnliche Wahrheiten zu enthüllen. Wer aber die höheren Mysterien ergründen möchte, muss ein reines, heiliges Leben führen. Das eigene Bewusstsein muss selbst so hoch schwingen, dass es diese feinen Schwingungen empfangen kann. Die höchsten Geheimnisse der Natur, von Gott, sind für den gewöhnlichen Menschen unerreichbar. Erst wenn der Mensch sich als würdig erweist, wird er sie erkennen. Wer zum Ausdruck der Quelle, der höheren Mächte, wird und es wagt, diese zu missbrauchen, wird fallen wie der Satan. Ihm ist das Leid vorbestimmt.

Wer diesen hoch schwingenden Weg anstrebt, hat ein Leben voller Reinheit, Liebe und absoluter

Rechtschaffenheit zu leben. Diese Aussage ist elementar und sollte nicht leichtfertig überlesen werden. Nehmen Sie diese drei – Liebe, Reinheit und Rechtschaffenheit – tief in Ihr Leben auf, schreiben Sie sie auf, lesen Sie sie immer wieder, leben, handeln und denken Sie danach. Jeden Tag. Wenn Sie sich danach orientieren, wird sich Ihr Bewusstsein allein schon deswegen nach den höheren Schwingungen ausrichten und in Harmonie mit ihnen zu vibrieren beginnen. Sind Sie einmal im Einklang mit den höheren Schwingungen, so werden Sie sie auch wahrnehmen und ein sicheres Medium für sie sein – sicher in Bezug auf sich selbst sowie andere Menschen.

Es existiert nur eine Universalkraft, die sich in verschiedenen Arten ausdrückt. Wir selbst sind nur Träger, Verwalter, Konsumenten oder Medien dieser einen Universalkraft. Schwingen wir eines Tages harmonisch mit der höheren Ordnung des Universums, so werden wir Träger einer enormen Kraft. Haben wir zu diesen höheren Schwingungen Zugang, so unterstützen sie uns auch beim Forschen nach der inneren Erleuchtung. Diese wiederum führt uns zur Weisheit und nötigen Kenntnis und somit haben wir den «Tröster» gefunden, der uns in alle Wahrheit einführen wird. Erleuchtung ist in der heutigen Zeit genauso möglich wie damals für die Jünger von Jesus. Mit ihr werden wir die Gaben und Herrlichkeit Gottes empfangen.

Dieses Forschen und Streben nach dem inneren Reich ist tatsächlich der einzig wahre Weg zur Vollkommenheit. Die Früchte, die uns damit zufallen, sind göttlich. Die psychometrische Kraft ist eine Frucht eines solch reinen Lebens und der Suche nach der Erleuchtung. Ist Letzteres auch nicht leicht zu finden, wird sie dennoch folgen.

Wie schnell wir was finden werden, hängt von unserer ausschliesslichen Konzentration ab. Widmen wir uns nur dem Entwicklungsweg der psychometrischen Kraft, wird sie schneller hier sein.

Gleiches ist mit der Erleuchtung. Dennoch ist es ratsam, sich der allgemeinen Entwicklung von anderen Fähigkeiten nicht komplett zu verschliessen. Das heisst, sich nicht ausschliesslich nur auf Psychometrie oder nur auf die Suche nach Erleuchtung zu konzentrieren, sondern beides sowie auch Weiteres, was uns für die höheren Schwingungen öffnet, zu kultivieren.

Eine ausgewogene Entwicklung ist zwar langsamer, wirkt jedoch harmonisch auf ein Leben in Liebe, Reinheit und Rechtschaffenheit.

Parsifal Braun war danach bestrebt, seinen Schülern nicht nur die Gedankenkonzentration und psychometrischen Fähigkeiten zu lehren, sondern sie auf die Wege eines Illuminaten (ein mit besonderen

Erkenntnissen Begabter), eines Meisters, eines Adepten zu bringen. Er betonte, die Psychometrie sei der Schlüssel zu den kleineren Wirkungskreisen des Himmelreichs und dieser verschaffe dem Suchenden den Zugang zu den inneren Räumen, dem Allerheiligsten.

4. Lehrgang:

Hellsehen

I. Sehversuche

Zur Theorie wurde in diesem Buch bereits genug gesagt. Deshalb wenden wir uns gleich dem Sehen selbst zu.

Es existiert der Fehlglaube, der Geist müsse den Körper verlassen, um eine ferne Situation oder Gegend wahrnehmen zu können. Die Seele ist eins mit der Allseele und kann sich zu einem gewissen Grad mit Teilen von ihr identifizieren. Für den Geist gibt es weder Zeit noch Raum. Von den geistigen Abbildungen der materiellen Dinge oder von den immateriellen Wesen und Dingen gehen Schwingungen aus, welche in ihrer feinen Art in den Äther mitgeteilt werden und dieses Medium kennt keine physikalischen Schranken. Dieser Äther, wie wir bereits erläutert haben, durchdringt die gröbsten Stoffe sowie Körper und sogar unser Hirn. Diese Schwingungen bewegen sich von ihrem Ursprung aus in jede Richtung und strahlen im Grunde ständig gegen unser Gehirn.

Lernt ein Mensch, sich gegenüber diesen Schwingungen passiv zu machen, so wird er auch in der Lage sein, sich diesen bewusst zu werden. Damit dies gelingt, muss sich der Mensch gegenüber allen anderen Schwingungen, welche gleichzeitig auf ihn einströmen, verschliessen.

Wir sind wieder bei der Konzentration angelangt, welche uns ermöglicht, uns den grobschwingenden Eindrücken zu entziehen. Hypnose oder Trance versetzen uns in einen Zustand, in dem wir uns diesen momentan unerwünschten Einflüssen entziehen, und die Suggestion gibt uns die Richtung an, in die wir uns öffnen möchten.

Sterben wir, sind wir unseres Körpers beraubt, welcher uns diese äusseren Einflüsse erlebbar macht. Zu diesem Zeitpunkt sind wir gezwungen, uns auf die feineren, höheren Schwingungen zu konzentrieren. Dann werden wir gezwungenermassen in der höheren Wahrnehmung geschult. Wir brauchen jedoch nicht bis nach dem Tod zu warten, um diese Wahrnehmung zu schulen. Dies können wir bereits jetzt tun. Wir müssen dafür auch nicht den Körper verlassen anhand von Hypnose oder Trance. Im

Gegenteil. Der wahre Meister konzentriert sich auf etwas, ohne dabei die Kontrolle über seinen Körper verlieren zu müssen. Er muss aber lernen, seinen Geist auf das Begonnene zu konzentrieren, ohne sich von Äusserem stören oder beirren zu lassen. So schult er seinen Geist für die Wahrnehmung der feineren Lichtwellen und so wird er wunschgemäss höher schwingende Wesen und Dinge wahrnehmen und mit ihnen in Verbindung treten.

Übung:
Folgende Übung sollte jeden zweiten Tag oder zumindest zweimal pro Woche durchgeführt werden. Verdunkeln Sie das Zimmer und schirmen Sie sich ebenfalls von möglichst allen Geräuschen ab. Vielleicht müssen Sie sich die Ohren auch mit Watte zustopfen. Die Übung kann auch abends durchgeführt werden, wenn die Welt ruhiger ist. Dann müssen Sie sich einfach vor der Schläfrigkeit hüten. Sobald Sie schläfrig werden, müssen Sie die Übung abbrechen.

Setzen Sie sich bequem hin und schliessen Sie die Augen. Parsifal Braun rät, sich mit dem Rücken nach Norden auszurichten. Jetzt sammeln Sie sich und konzentrieren Sie Ihren Geist darauf, was Sie zu sehen wünschen. Unternehmen Sie nun eine geistige Reise an einen Ort, an dem Sie sich wohlfühlen. Ihr Körper muss dazu komplett ruhig bleiben. Nun stellen Sie sich vor – ohne sich tatsächlich zu bewegen –, wie Sie aufstehen, die Sachen für die Reise zusammenpacken, in den Wagen steigen, sich ins Flugzeug setzen (oder was auch immer), und an diesen Ort reisen. Stellen Sie sich die Reise in allen Details vor, wie Sie die Tickets lösen, die Fahrt oder den Flug geniessen, mit anderen Reisenden sprechen, die Landschaft geniessen, am Zielort ankommen, dort die Menschen begrüssen, und irgendwann auf gleiche Weise wieder abreisen. Wenn Sie diese Übung mehrfach absolvieren, kann es sein, dass sich entscheidende Details plötzlich anders zeigen. Dies kann ein erstes Zeichen für Hellsichtigkeit sein. Meistens geschehen diese Veränderungen jedoch allmählich.

Übung:
Eine weitere Übung ist jene, wenn Sie in der Nacht oder morgens aufwachen, den Stand der Zeiger Ihres Weckers abzulesen, ohne wirklich auf den Wecker zu schauen, beispielsweise im Dunkeln oder mit dem Blick ins Leere geheftet. Diese Übung bringt schon nach kurzer Zeit Erfolge. Weiter können Sie die Jahreszahl auf einer Münze sehen, ohne auf die Münze selbst zu schauen. Irgendwann werden Sie in geschlossenen Büchern lesen, geschichtliche Ereignisse in allen Details sehen, einen mikroskopischen wie teleskopischen Fernblick entwickeln.

Eine weitere Möglichkeit, die Hellsicht zu trainieren, ist jene, sich vor eine weisse oder zumindest einfarbige Wand zu setzen. Richten Sie nun Ihren

Blick nicht auf die Wand, sondern auf die leere Luft dazwischen. Irgendwann werden Punkte in der Luft erscheinen. Trainieren Sie so die Wahrnehmung immer weiter und schärfen Sie sie.

Sind Ihnen diese geistigen Methoden alle zu schwierig, gibt es eine äussere Hilfestellung in Form des magischen Spiegels. Parsifal Braun riet aus Kostengründen dazu, einen Spiegel selbst herzustellen. Dies ist wohl heutzutage nicht mehr nötig. Wichtig bleibt jedoch, dass Sie den Spiegel mit Ihrer eigenen Energie aufladen. Stellen Sie eine Beziehung zu ihm her, beispielsweise indem Sie ihn in einem Räucherritual von Fremdenergien reinigen (z. B. mit Weihrauch oder Salbei) und anschliessend mit einem feinen Duft (z. B. Styrax) segnen.

Dies ist Ihr magischer Spiegel und sollte von sonst niemandem genutzt werden. Bestenfalls nutzen Sie den Spiegel auch nur dann, wenn Sie alleine sind.

Ist dennoch jemand im Raum, so sollte diese Person in Harmonie mit Ihnen schwingen. Es sollte während der Übung kein Wort gesprochen werden. Dunkeln Sie den Raum ab, so dass Sie den Spiegel nicht sehen können, obwohl Sie ihn in den Händen halten. Setzen Sie sich bequem hin. Schauen Sie in den Spiegel. Dies sollten Sie dreissig bis sechzig Minuten lang üben, mehrmals die Woche. Sitzen Sie jeweils passiv, empfangend, einfach auf die

Entwicklung wartend. Wenn diese dann eintritt, brauchen Sie nicht aufgeregt zu werden. Behalten Sie das Ziel fest im Auge. Dank dem Spiegel können Sie Freunde oder Verwandte wahrnehmen, die in der Ferne weilen. Versuchen Sie nur mit höheren Wesen so Kontakt aufzunehmen, wenn Sie ein Leben in Reinheit und Liebe führen. Sie werden durch den magischen Spiegel immer nur mit Wesen kommunizieren können, die über ein niedrigeres oder gleich hohes Bewusstsein wie Sie verfügen. Die Ideale müssen übereinstimmen. Hier wirkt wiederum das Gesetz der Ordnung. Nur was mit Ihren Absichten harmoniert, wird Ihnen im magischen Spiegel begegnen. Seien Sie also gewarnt! Das gilt auch für alle niederen Regungen und Absichten, die ziehen genau solches auch in den Spiegel.

Im Spiegel können wir nach einem Lehrer fragen, einem weisen Führer, und er wird erscheinen in Form von einer Person, die in einem gewissen Grad geistig verwandt mit uns ist und mit uns sympathisiert.

Ganz hohe Wesen wie Meister sind verpflichtet, nicht mit viel tiefer schwingenden Wesen zu kommunizieren. Wenn überhaupt ein Kontakt zu einem Meister entstehen kann, so geschieht dies über einen Mittler, welcher für uns nicht zu hoch und wir für ihn nicht zu niedrig schwingen.

All dieses Wissen bringt den Menschen jedoch nur weiter, wenn er die Übungen durchführt. Gerade die Hellsichtigkeit braucht Training.

5. Lehrgang:

Telepathie

I. Die einfache Telepathie

Wir übten vorgängig die Konzentration und die passive Haltung. Jemand, der Telepathie ausüben will, muss beides beherrschen, das Aktive wie auch das Passive. Wenn er eine Botschaft sendet, so ist er positiv, also aktiv. Nur muss er weit positiver sein, als wenn er ein einfaches Gespräch führen würde.

In diesem Augenblick, in dem er eine Botschaft absendet, muss er höchst konzentriert sein auf diesen einen Gedanken. Alles andere muss aus seinen Gedanken verbannt sein. Die Botschaft muss mit grosser geistiger Kraft und Nachdruck wiederholt werden. Während der Wiederholungen – ob gesprochen oder in Gedanken – hält sich der Sender das Gesicht des Empfängers vor Augen.

Idealerweise machen Sie sich wieder geistig auf die Reise zu dieser Person, der Sie die Botschaft übermitteln möchten. Stellen Sie sich die Reise wiederum in allen Details vor, nehmen Sie die Hauptmerkmale der Fahrt bewusst wahr, bis Sie den Raum betreten, in dem sich der Betreffende befindet. Sprechen Sie ihn dann an.

Dies ist der intensive Weg. Gute Resultate werden jedoch auch erzielt, wenn Sie die Person vor Ihrem geistigen Auge sehen und sie dann ansprechen.

Wiederholen Sie auf alle Fälle die Botschaft mehrfach. Wechseln Sie von der aktiven in die passive Haltung und zurück, bis Sie in der passiven Haltung eine Antwort erhalten. Diese Antwort kommt oft in Form eines gewöhnlichen Gedankens oder eines Geistesblitzes, seltener hören Sie aber eine Stimme. Manche Menschen lesen die Antwort auch plötzlich in einem vorbeiziehenden Schriftzug oder sehen sie als visuelles Bild.

Zu Beginn sollten Sie sich auf einfache Fragen und Antworten beschränken. Kurze Distanzen fallen oft auch leichter als längere – nicht deshalb, weil weitere Distanzen schwieriger wären, sondern weil kürzere einfach weniger Zweifel in Ihnen hervorrufen. Mit Ihrem Glauben an den Erfolg setzt eine hilfreiche Hebelwirkung ein.

Üben können Sie die Telepathie auch mit einem Freund. Setzen Sie sich dafür gemeinsam in ein Zimmer, später sitzen Sie in verschiedenen Zimmern und irgendwann in verschiedenen Häusern. So dehnen Sie die Entfernung immer weiter aus. Sind Sie nicht mehr räumlich nahe beieinander, vereinbaren Sie einen genauen Zeitpunkt für die Telepathie.

Am Sonntag und nachts ist die geistige Atmosphäre meist ruhiger und deshalb sind dies besonders geeignete Zeitfenster. Wenn eine Frage sowie eine Antwort übermittelt werden sollen, benötigen Sie zwei vereinbarte Zeitpunkte, also je einen.

Üben Sie nur mit einer Person, mit der Sie harmonieren. Denn die Gemütsverfassung beeinflusst das Senden und Empfangen und somit das Gelingen der Telepathie. Das bewusste Empfangen des Gesendeten ist weitaus schwieriger als das Versenden.

Voraus gewarnt: Es kann Wochen dauern, bis diese Telepathieversuche nennenswerte Resultate zeigen. Beharrlichkeit führt hier aber genauso zum Ziel. Sobald gute erste Erfolge eintreffen, können die Experimente ausgedehnt werden, indem beispielsweise die Fragestellung komplexer wird. Den Anfängern sei also geraten, sich an einfache Ausdrücke und Formulierungen zu halten. Erst wenn diese erfolgreich übermittelt und empfangen werden, können Sie sich an Kompliziertem versuchen.

Wiederum ist tägliches Üben empfohlen, oder zumindest zweimal wöchentlich. So oder so werden diese Übungen den Geist kräftigen und einige gute Wirkungen zeigen, selbst dann, wenn sie nicht von Erfolg gekrönt werden. Durch sie können auch andere Sinnesempfindungen geweckt und entwickelt werden, beispielsweise die Psychometrie, das Hellsehen oder Hellhören. Vor allem wird aber die Gedankenkonzentration gestärkt und ausgebildet. Wer diese Übungen eine Weile regelmässig praktiziert, wird sie lieb gewinnen und bald nicht mehr missen wollen.

Klar, die Telepathie wird auch heute noch vielerorts belächelt und nicht ernst genommen. Das spielt keine Rolle. Es spielt nicht mal eine Rolle, was Sie davon halten. Sie können das Buch beiseite legen und das war's. Heutzutage gibt es jedoch schon zahlreiche nachgewiesene Fälle, in denen Telepathie geschieht – und das ist gar keine Seltenheit mehr. Selbstverständlich wird in unserer materiell beherrschten Medienwelt kaum darüber berichtet.

Schon in den Zeiten von Parsifal Braun, also Ende des 19. Jahrhunderts, war in Indien der Glaube an Telepathie weitverbreitet und diese Kunst ist seit vielen Jahrhunderten dort kultiviert worden. Heutzutage ist es etwas schwieriger, Telepathie gelten zu lassen. Denn nur allzu schnell flitzt eine E-Mail durch das Internet um die ganze Welt.

Eine Botschaft ist heute also fix auf dem materiellen Weg übermittelt. Dennoch funktioniert heute Telepathie genauso wie damals. Schlussendlich unterscheiden sich Gedankenwellen nicht so sehr von den Schwingungen des Funks, der Telefonie und Fernsehübertragung. Probleme heute sind eher Abstumpfung der Empfänger und ungeübte Sender.

II. Die höhere Telepathie

Die höhere Telepathie ist im Grunde der gleiche Vorgang, einfach mit einem oder mehreren höheren geistigen Wesen. Parsifal Braun nannte dies höhere Telepathie, heute meinen wir wohl dasselbe, wenn wir von Channeling sprechen.

Alle Kenntnisse, die ein Mensch jemals erfahren kann, existieren bereits irgendwo. Jeder Gedanke, den wir denken, gelangt in den universellen Äther, vibriert dort weiter. Der universelle Äther enthält also jeden Gedanken, der jemals gedacht wurde. Dieser Äther durchdringt alles, was ist, wie wir an früherer Stelle bereits erfahren haben.

Wir können uns ihm öffnen, wenn wir unsere Aufmerksamkeit systematisch und beharrlich auf die darin enthaltene Information richten.

Wer kennt es nicht: Tagelang brüten wir gedanklich über einem Problem und uns fällt dazu keine Lösung ein. Irgendwann geben wir das Nachdenken auf und dann – plötzlich und scheinbar zufällig – wissen wir die Lösung.

Wenn wir jedoch eine Antwort scheinbar «zufällig» auf eine brennende Frage erhalten können, so ist es genauso möglich, mit konzentrierter Absicht eine Antwort zu finden. Dafür müssen wir den Vorgang verstehen und beherrschen, bewusst zu fragen (aktiv) und bewusst zu empfangen (passiv).

So ist es uns plötzlich möglich, Dinge zu begreifen, die wir bis anhin nicht verstanden haben – einfach, indem wir die Fragen richtig stellen und richtig auf Empfang sind.

Nach diesen Lehrgängen sollten Sie fähig sein, bewusst in den aktiven oder passiven Zustand zu wechseln. Damit sind alle Antworten in Ihrer Reichweite.

Wir haben damit den Schlüssel für alles Wissen und alle Weisheit in der Hand. Empfangen wir diese dennoch nicht, so liegt es daran, dass wir sie aufgrund unserer eigenen Schwingung nicht verstehen können.

Somit dürfte jetzt auch klar sein, worauf Sie bei Medien, Kartenlegern oder Channeling achten müssen. Je höher die Schwingung des Mediums, desto klarer und echter die Information aus den höheren Ebenen. Eine eher tief schwingende Kartenlegerin hat rein technisch gelernt, die Karten zu deuten, ist aber nicht befähigt, die feinen Nuancen aus dem Informationsbild zu empfangen. Ein Channelmedium wiederum channelt die Wesenheit, die der eigenen

Schwingung zumindest ähnlich ist. Je höher die Schwingung des Mediums, desto feiner und höher das Wesen, von dem es Botschaften empfängt. Und da spielt es überhaupt keine Rolle, welcher Name für das Wesen genannt wird. Namen werden auch in der geistigen Welt schnell genannt – ob die Namensnennung stimmt, ist dabei noch lange nicht garantiert. Wer könnte es denn auch in unserer materiellen Welt beweisen?

Es gibt zwei Möglichkeiten, wie ein Mensch in der geistigen Welt gelehrt werden kann. Entweder öffnet er sich selbst und empfängt die Lehren aus dem Äther (auch Akasha genannt), oder er verbindet sich mit einem Wesen, das ihn unterweisen kann. Dieses Wesen kann menschlich oder geistig sein, also mit fleischlichem Körper oder ohne. Einem Lehrer tritt man stets gereinigt gegenüber. Dies bezieht sich auch auf das eigene Denken, Handeln und die inneren Absichten.

Reinheit bedeutet aber genauso, das eigene Leben dem Dienst der Allgemeinheit zu widmen, anstatt nur dem eigenen Selbst. Der Schüler sollte die drei Prinzipien Liebe, Reinheit und Rechtschaffenheit beherzigen in all seinem Tun und Denken. Nur so bringt er sein eigenes Wesen in Einklang mit den höheren und kann ihre Botschaften empfangen. Ausschliesslich auf diesem Weg wird er zu einem brauchbaren Gefäss und die höher entwickelten

Wesen können mit ihm in Kontakt treten. Ebenso ist dies der einzige Weg, um im geistigen Raum psychisch und seelisch sicher zu sein. Die niedere Natur kann nicht an Reinheit herantreten, da sie nicht mit ihr harmoniert.

Die höhere Natur soll im eigenen Leben über die niedere regieren, wenn wir ein erfolgreiches, harmonisches Dasein anstreben. Die höheren Schwingungen schenken uns einen Frieden, den uns die äussere Welt nie zu geben vermag.

Wenn wir uns einen geistigen Führer oder Lehrer ernsthaft wünschen, werden wir ihn auch finden. Je höher der Lehrer und seine Lehre sein sollen, desto mehr müssen wir uns als dafür würdig erweisen.

Übung:
Wenn Sie einen Lehrer wünschen, so machen Sie möglichst regelmässig diese Übung, um mit ihm in Kontakt zu treten. Setzen Sie sich idealerweise in den Abendstunden ruhig hin. Erheben Sie Ihre Seele andächtig und äussern Sie den Entschluss, Gott und den Mitmenschen zu dienen, den höchsten Idealen zu folgen und Menschenliebe zu leben. Dann formulieren Sie den Wunsch, mit einem geeigneten Lehrer eine Beziehung zu knüpfen. Früher oder später wird er Ihnen erscheinen, sobald Sie sich in einem geeigneten Zustand befinden, in dem Sie sicher und erfolgreich mit ihm kommunizieren

können. Innerhalb von ein paar Wochen dürfte der Kontakt hergestellt sein. Seltener dauert es länger, Monate oder Jahre, bis eine sichere Verbindung zum geistigen Führer hergestellt ist. Stellt sich noch kein Erfolg ein, so sprechen Sie dennoch weiter zu Ihrem geistigen Lehrer und warten Sie in passiver Haltung auf eine Antwort. Bewahren Sie den Glauben daran, dass Ihre Bemühungen eines Tages von Erfolg gekrönt werden.

Es ist möglich, dass mit den Jahren und der geistigen Entwicklung der Lehrer wechselt. Sobald Sie jedoch für den Empfang bereit sind, wird der momentan idealste Lehrer erscheinen. Wie gesagt, dieser Lehrer kann in dieser Welt in einen Körper geboren sein oder nur in der geistigen Welt existieren. Das macht dank der Telepathie keinen Unterschied. Der geistige Lehrer kann manchmal auch in Form eines Buches unseren Weg kreuzen.

Die Wahrheit ist allen zugänglich, egal aus welchen gesellschaftlichen Schichten oder Nationalitäten. Alle, die sie haben wollen, können sie erreichen.

Nachwort

Schon viele Jahre bin ich auf dem Weg. Dennoch schenkten mir die Lehren von Parsifal Braun neue, tiefe Erkenntnisse – die ja im Grunde uralt sind.

Über Parsifal Braun, vermutlich ein Engländer, ist kaum etwas überliefert. Seine antiken Bücher aus dem 19. Jahrhundert beinhalten ausschliesslich seine Lehren und keine weiteren Angaben zu seiner Person. Während des Studiums seiner Schriften erkannte ich jedoch bald, dass hier ein Meister die Schreibfeder in den Händen hielt. Parsifal Braun wusste ganz eindeutig, wovon er schrieb.

Ich hoffe, Ihnen ging es bei der Lektüre wie mir. Die fünf Lehrgänge sind modernisiert in Wort und Sinn, beinhalten aber sämtliche alten Kernaussagen des Originals.

Von Herzen wünsche ich Ihnen, uns allen, eine gute Reise.

Tanja Alexa Holzer

Tanja Alexa Holzer

Die buchverrückte Schweizerin ist Buchproduzentin, Autorin, Texterin, Korrektorin und Online-Unternehmerin. Seit 2008 arbeitet sie unter dem Namen Wortfeger.

Mehr von Wortfeger:

wortfeger.ch
facebook.com/wortfeger
instagram.com/wortfeger.ch
linkedin.com/in/wortfeger